O OITAVO CHACRA

JUDE CURRIVAN. PH.D.

O OITAVO CHACRA

O que é e como ele pode influenciar a sua vida

Tradução
Marilene Tombini

Revisão técnica
Artur Andrade Salgado Jr.

CIP-BRASIL. CATALOGAÇÃO-NA-FONTE
SINDICATO NACIONAL DOS EDITORES DE LIVROS, RJ.

C986o   Currivan, Jude
O oitavo chacra / Jude Currivan ; tradução Marilene Tombini.
- Rio de Janeiro: Nova Era, 2008.

Tradução de: The 8th chakra
ISBN 978-85-7701-196-4

1. Chacras. 2. Cura. I. Título.

CDD: 615.851
08-3676   CDU: 615.85

Título original em ingles:
The 8th chakra

Copyright © 2005 by Jude Currivan

O original em língua inglesa foi publicado em 2006 por Hay House UK Ltd.

Editoração eletrônica: Abreu's System

Todos os direitos reservados. Proibida a reprodução,
no todo ou em parte, sem autorização prévia por escrito da editora,
sejam quais forem os meios empregados, com exceção das resenhas
literárias, que podem reproduzir algumas passagens do livro,
desde que citada a fonte.

Direitos exclusivos de publicação em língua portuguesa para o Brasil
adquiridos pela EDITORA NOVA ERA um selo da EDITORA BEST SELLER LTDA.
Rua Argentina, 171 – Rio de Janeiro, RJ – 20921-380 – Tel.: 2585-2000
que se reserva a propriedade literária desta tradução

Impresso no Brasil

ISBN 978-85-7701-196-4

PEDIDOS PELO REEMBOLSO POSTAL
Caixa Postal 23.052
Rio de Janeiro, RJ – 20922-970

A autora deste livro não dispensa acompanhamento médico nem recomenda o uso de qualquer técnica como forma de tratamento para problemas físicos ou clínicos sem o conselho, direto ou indireto, de um médico. Sua intenção resume-se a oferecer uma informação generalizada para ajudar pessoas na busca do bem-estar emocional e espiritual. Caso o leitor venha a utilizar qualquer uma das informações contidas neste livro para benefício próprio, o que é um direito que lhe cabe, a autora e o editor não assumem nenhuma responsabilidade por seus atos.

As tradições espirituais dos índios norte-americanos reconhecem que tudo está relacionado — pessoas, animais, árvores e todos os domínios da Terra viva e do vasto Cosmos.

Dedicamos O oitavo chacra *a todas as nossas relações, com o amor incondicional do coração universal.*

Sumário

Agradecimentos	9
Introdução	11
Parte I: Compreender	17
Capítulo 1: O holograma cósmico	19
Capítulo 2: Harmônicos da criação	37
Capítulo 3: Crer para ver	57
Capítulo 4: Princípios cósmicos	75
Parte II: Sentir	95
Capítulo 5: Incorpore a harmonia cósmica	97
Capítulo 6: Expire...	119
Capítulo 7: Gaia	133
Capítulo 8: Ondas cósmicas	155
Parte III: Ser	175
Capítulo 9: A cura da alma pelo coração	177

8   O OITAVO CHACRA

CAPÍTULO 10: A jornada do herói soular   207

CAPÍTULO 11: Com-unidade   227

CAPÍTULO 12: Re-lembrar   245

CAPÍTULO 13: HoME: Paraíso na Mãe Terra   263

Sintonizações   267

Sugestões de leitura   277

Índice remissivo   279

Agradecimentos

SORRINDO, MINHA QUERIDA MÃE COSTUMAVA dizer que eu falava com qualquer um.

Desde os 4 anos eu tinha o hábito de falar e, mais importante, de não aprender só com as pessoas que amava, com quem ria, chorava e discutia, mas também com animais, espíritos da natureza, Devas, Anjos, fantasmas, Mestres ascensos, deuses da Antiguidade e guias cósmicos.

Reverencio a todos como companheiros de viagem e os amo e agradeço por tudo — por qualquer caminho que tenhamos trilhado juntos, por um momento, uma estação ou uma eternidade.

Ao escrever *O oitavo chacra* meu amor e minha gratidão se dirigiram especialmente para:

Michelle Pilley, da Hay House, cuja sabedoria, estímulo e confiança representam um presente inestimável.

Minha editora, Lizzie Hutchins, cuja perspicácia e perícia extraordinárias deram vida ao livro.

Minha querida amiga Jeannie Kar, uma verdadeira heroína soular.*

Meu amado marido Tony, para cujo amor sempre presente e apoio minhas palavras nunca serão suficientes.

E meu mentor e guia, Thoth, que está comigo desde o início de tudo.

---

* A autora faz um trocadilho com as palavras solar e *soul* (alma, em inglês), impossível de ser traduzido para o português. (*N. do E.*)

Introdução

COMECEI A ESCREVER NO DIA 23 de dezembro. No amanhecer do solstício de inverno do hemisfério Norte, o Sol mais uma vez iniciou sua espiral anual que vai da escuridão à luz. Desde a Antiguidade, esse dia tradicionalmente saúda o nascimento do arquétipo representado pelo herói solar, conhecido por diversos nomes e cuja busca externa e jornada interna rumo à totalidade têm sido descritas em muitas sagas míticas e numa miríade de ensinamentos espirituais.

O herói solar não veio para ser adorado, mas para ser seguido, uma vez que cada um de nós possui esse potencial divino dentro de si. Mesmo assim, por 2 mil anos, os ensinamentos do maior dos heróis solares foram ignorados. Jesus disse: "Assim como eu faço estas obras, vós também as fareis, e maiores" (Jo 14:12).

Ele se referiu a cada um de nós. Nos últimos dois milênios, porém, tanto a religião institucionalizada procurou nos convencer de nossa desvalia como a ciência tentou nos persuadir de que somente o mundo material era "real".

Contudo, uma nova visão do Cosmos está surgindo, reconciliando a sabedoria científica com a espiritual de um modo mais profundo e permitindo maior poder pessoal. Não só essa visão nos oferece respostas para a questão de *como* o Cosmos é o que é, mas, também, a oportunidade de compreender *por que* ele é o que é.

Essa nova percepção traz implicações radicais para cada um de nós, pois revela um universo totalmente interligado, consciente e holográfico, um Cosmos onde a consciência é primordial — e onde somos tanto criação como co-criadores.

O principal propósito para estarmos aqui nesta época decisiva é nos lembrar disso e, assim, re-lembrar quem *realmente* somos. Agora somos capazes de acessar energias cósmicas recentemente disponíveis que transcendem nosso senso pessoal do eu. Elas liberam nossa percepção, capacitando-nos para curar e abandonar velhos padrões e limitações. E, conforme vamos nos libertando, conquistamos mais poder para incorporar plenamente o propósito mais elevado da nossa alma e para co-criar, de modo consciente, uma nova era cósmica — uma era em que todos seremos capazes de perceber que somos heróis solares, ou heróis *soulares.*

O oitavo chacra

As tradições espirituais mais antigas concebiam a consciência do ego mediada por sete vórtices energéticos denominados "chacras". Nos últimos anos, essa sabedoria milenar tornou-se muito mais conhecida e aceita.

Coletivamente, entretanto, sabemos que nosso campo energético pessoal de sete chacras está incompleto. Isso pode ser demonstrado pela ressonância cósmica incorporada pelas 13 notas da escala musical cromática completa e pelas oito notas de sua subescala diatônica. Cantar as primeiras sete notas da escala diatônica — dó, ré, mi, fá, sol, lá, si — nos deixa a sensação de que algo está faltando.'

E realmente está. É a oitava nota que completa a escala, assim como é o oitavo chacra que completa a escala da nossa consciência baseada na personalidade. O oitavo chacra é também o portal energético para a nossa consciência mais elevada, a orientação e o propósito de nossa alma.

Percepção da unidade

O oitavo chacra é o primeiro chacra transpessoal da nossa percepção da unidade, ou seja, é a consciência da totalidade maior da qual fazemos parte e que agora estamos conseguindo incorporar na forma humana. Esse entendimento nos possibilita transcender as limitações da nossa percepção e re-lembrar que não estamos sós, mas que, fundamentalmente, somos todos um só. Assim, nos capacitamos de fato para perceber a natureza holográfica do Cosmos. Aquela expressa pela quase infinita diversidade do todo.

Por milênios experimentamos as polaridades de luz e sombra em todas as suas ricas expressões. Agora chegou a hora de assumir a responsabilidade consciente pelo nosso destino e incorporar a percepção transpessoal, que nos oferece um caminho de volta à unidade além de todas as polaridades. Esse é o destino do herói soular.

Este livro compartilha o modo de acessar essas energias transpessoais que possibilitam maior percepção e empreendem a cura da alma pelo coração. Ensina como podemos experimentar tudo o que realmente somos por meio de nossa mente, emoções e corpo, e como podemos restabelecer uma relação profunda conosco, com nossa família humana, com Gaia (a Terra pulsante) e com o vasto Cosmos.

Cada um de nós segue uma trajetória única até o destino último compartilhado por todos. *O oitavo chacra* é um caminho-guia para o herói soular em todos nós, possibilitando-nos a escolha do caminho a seguir.

Re-lembre

Toda jornada começa com um passo, o que geralmente só percebemos tardiamente. O primeiro passo da minha jornada rumo ao oitavo chacra começou, assim como para todos nós, há uma eternidade. Mas só me tornei ciente do caminho quando, inesperadamente, recebi uma mensagem parapsíquica no início de maio de 1998. Embora eu recebesse esse tipo de orientação mais elevada desde a mais tenra infância, a mensagem foi particularmente clara. Abriu um caminho que acabou sendo o mais desafiador a percorrer, pois me pedia para re-lembrar quem eu *realmente* sou — não apenas a Jude que eu pensava conhecer, mas todos os aspectos da minha psique desmembrada.

Comecei a re-lembrar não apenas minha percepção baseada na personalidade, mas níveis superiores da consciência arquetípica e cósmica, à medida que eu partia da idéia de ser só um em direção ao *saber* que somos todos um só. Essa jornada me levou a rodar o mundo e me abriu para as realidades do oitavo chacra e para a percepção mais elevada, que é nossa herança coletiva e destino cósmico. É esta percepção que compartilho neste livro.

Por que agora?

O universo holográfico é naturalmente interligado, consciente e intencional. *Não* há acidentes!

Individual e coletivamente já percorremos um longo caminho até aqui. Durante essa jornada, como seres espirituais vivenciando uma experiência física, exploramos *tudo* que significa ser humano.

Ou não?

Profecias feitas pelos maias, e sucessivamente confirmadas por místicos contemporâneos e líderes anciões de povos primitivos que ainda caminham pela Terra, afirmam que esta é uma época de transformações. O Calendário Maia termina no solstício de dezembro de 2012, que para eles é o ápice da miríade de ciclos de conscientização, prenúncio de uma Mudança na percepção coletiva.

No decorrer da minha própria jornada até este ponto compreendi que essa Mudança é precursora da incorporação consciente da idéia de totalidade espiritual na nossa experiência como seres humanos.

Gaia tem sido nosso berço e continua sendo nosso lar, mas chegou a hora de nos tornarmos adultos.

Chegando em casa

O oitavo chacra foi estruturado em três partes, reflexo da natureza três-em-um de todas as experiências de iniciação. Além disso, visto que a jornada interior rumo à totalidade espiritual foi tradicionalmente incorporada no 12 em torno do 1, culminando no 13 transformador, *O oitavo chacra* tem 13 capítulos. O caminho é o seguinte:

A Parte I, abrangendo os primeiros quatro capítulos, compartilha, de modo acessível, como a ciência dominante está se reconciliando com a tradição espiritual para desenvolver um modelo universal de consciência cósmica. Explica também o que isso significa para cada um de nós e para o todo.

A Parte II, que vai do Capítulo 5 ao 8, explora quem *realmente* somos — o microcosmo de um vasto Cosmos holográfico — e revela de que modo começamos a incorporar a harmonia cósmica.

A Parte III, do Capítulo 9 ao 13, descreve, de modo instrutivo e prático, os passos para a realização pessoal — como podemos assimilar a magnífica totalidade da nossa natureza espiritual e expressá-la em todos os aspectos da vida.

Essencialmente, *O oitavo chacra* é um chamado para relembrarmos quem realmente somos. Ao escolhermos estar aqui, nesta época crucial para a história da humanidade, nos oferecemos a oportunidade de realizar o propósito mais elevado da nossa alma: chegar em casa — HoME — pela cocriação do Paraíso na Mãe Terra.*

Agora, fazendo um breve passeio pelo universo holográfico, apresentaremos o contexto da nossa jornada.

---

* A autora faz um jogo de palavras com a expressão *Heaven on Mother Earth* (Paraíso na Mãe Terra) e *home*, que significa "casa" em inglês. (*N. do E.*)

Parte I

Compreender

CAPÍTULO 1

O holograma cósmico

OS ASTRÔNOMOS JÁ SABEM QUE bem no princípio do espaço e do tempo o universo se formou de modo incrivelmente ordenado, possibilitando à "flecha" do tempo iniciar seu vôo. Eles também sabem que as condições iniciais que originaram o universo estavam em primorosa sintonia, permitindo assim a evolução da vida biológica. Agora estão cientes de que muitas dimensões são necessárias para satisfazer as leis naturais que servem de base ao mundo físico. Talvez, mais atentamente, eles estejam contemplando a possibilidade de que o universo e tudo o que ele contém seja a projeção de um holograma cósmico.

Cientistas em pesquisa de uma variedade de sistemas complexos — de organismos biológicos a econômicos, de padrões climáticos a conflitos humanos — também estão se conscientizando do mesmo princípio holográfico subjacente.

Compreender a natureza do holograma cósmico parece ser a chave para nosso entendimento do universo. Mas o que é um holograma e como ele é criado?

O holograma

Um holograma é a imagem tridimensional de um objeto fotografado. Geralmente é obtido pela radiação coerente de um laser cuja luz se divide em dois feixes, de modo que um feixe ilumine o objeto e o outro incida sobre uma chapa fotográfica. A superposição dos dois feixes produz figuras de interferência — a imagem tridimensional, ou holograma.

Hoje os hologramas são comumente vistos nos coloridos emblemas de segurança dos cartões de crédito, que ganham vida quando alinhados com a luz.

Um dos aspectos mais significativos do princípio holográfico é que a totalidade do objeto é recriada em cada parte de sua imagem tridimensional. Portanto, se uma projeção holográfica é subdividida em milhões de partes, cada uma incorpora uma minúscula e, ao mesmo tempo, completa representação do todo.

A matemática que descreve o holograma possibilita que *qualquer* padrão físico se transforme em ondas e depois retorne à forma original. Tais "transformações" holográficas também estão relacionadas às ferramentas analíticas recentemente desenvolvidas para descrever tanto os sistemas naturais quanto os criados pelo homem. Essas ferramentas revelaram padrões geométricos subjacentes denominados "fractais". A inter-relação dos fractais representa a realidade inata da qual o diversificado mundo da forma se manifesta. Sua natureza harmônica não só é vista em sua auto-similaridade, onde cada parte é semelhante ao todo, como também em sua invariância de escala, pela qual seus padrões inerentes permanecem imutáveis, seja em escalas de maior ou menor tamanho.

Cientificamente, a descrição do Cosmos em termos holográficos é relativamente nova, embora a idéia seja milenar. O ensinamento atribuído ao arquétipo fomentador da sabedoria, conhecido pelos antigos egípcios como Thoth, "Assim como é em cima, é embaixo", descreve o Um manifestado na diversidade e o microcosmo como incorporação da totalidade do macrocosmo, refletindo com perfeição a realidade do holograma.

Mente cósmica

A ciência também está começando a redescobrir os antigos insights, as intuições que percebiam o universo manifesto como uma mente cósmica que a tudo permeia. Nessa visão de mundo, a consciência não só está presente em todas as escalas da existência, mas *é* a própria existência. Ela tanto transcende quanto permeia a totalidade do espaço e do tempo.

A ciência sempre procurou entender *de que modo* o universo é como é, deixando a pergunta *por que* ele é o que é para os filósofos. No momento, porém, a necessária inclusão da consciência na emergente visão de mundo já não permite que se exclua o "porquê" da exploração das grandes realidades do Cosmos.

Em *O oitavo chacra*, empreenderemos nossa jornada para compreender quem realmente somos, partindo da perspectiva de que a consciência *é* primordial e realmente causa a miríade de efeitos que chamamos mundo físico.

Toda energia e matéria que o mundo físico abarca estão presentes desde o seu princípio e estarão até o fim. Sua enorme diversidade de formas surge de padrões subjacentes naturalmente harmoniosos. E por toda a natureza a consciência continuamente co-cria por meio de transformações alquímicas que chamamos de "vida".

A consciência se expressa como energia, que se manifesta por meio de ondas. O holograma cósmico do mundo físico é, então, freqüentemente co-criado a partir de seus padrões de interferência.

Para compreender como o universo é primorosamente construído no sentido de possibilitar a exploração da consciência, precisamos agora nos aprofundar em seus princípios energéticos fundamentais.

E para isso é preciso retornar ao seu nascimento, 13 bilhões e 700 milhões de anos atrás.

Luz e som

A teoria do big bang, que os cosmólogos usam para descrever a criação do mundo físico, mostra que seu nascimento não foi nem *big* (grande) nem um *bang* (estrondo).

A partir de um minuto quase inimaginável de gênese, o universo inflou como uma onda impecavelmente ordenada de espaço e tempo — mais uma exalação cósmica do que uma explosão.

A tradição védica da antiga Índia, os taoístas chineses e os escritores da Bíblia perceberam que o universo originou-se do som primordial — o Verbo da criação. Na Índia, a manifestação física da vibração cósmica é o *Om*. De modo similar, na antiga China, o tom fundamental da música imperial era o *huang chung*, o "sino amarelo", considerado o equivalente audível da nota divina.

Os antigos também compreendiam o papel inerente da luz — a parte visível do espectro das energias eletromagnéticas — na manifestação da forma física. Talvez isso seja mais bem retratado na citação bíblica "Faça-se a Luz". De um modo profundo, essas representações metafísicas dos antigos são um presságio dos vislumbres cosmológicos atuais.

Espaço e tempo

Em linguagem coloquial, espaço e tempo são separados, mas na realidade não são. Quando o universo se expande, sua estrutura é composta de (e na velocidade da) luz, tornando-se a entidade quadridimensional que os cosmólogos denominam "espaço-tempo".

Os cosmólogos agora sabem que quando o universo se originou, o espaço-tempo se encontrava num estado incrivelmente ordenado, o que foi crucial, pois em qualquer sistema a ordem sempre tende à desordem — algo que qualquer pessoa que tenha filhos bem sabe. Portanto, a ordem inicial do espaço-tempo só poderia evoluir numa direção — para uma desordem generalizada. Foi isto, acreditam os cosmólogos, que possibilitou a incorporação do direcionamento do tempo universal que chamamos de "flecha".

Mas o nível de desordem, ou "entropia", de um sistema também mede a quantidade de informações ali contidas. Isto acontece porque o grau de desordem equivale ao número de estados disponíveis que seus elementos fundamentais conseguem incorporar. Quanto maior o número de estados, maior o nível de informações neles contidos. Assim, desde a origem do universo, aproximadamente 14 bilhões de anos atrás, à medida que seu grau total de desordem aumentava inexoravelmente, o mundo físico se tornava capaz de incorporar cada vez mais informação e consciência.

Real-atividade

O espaço-tempo entretanto não é um cenário passivo para o universo. É relativo à posição de um observador e também é dinâmico no que se refere ao deslocamento desse observador.

Observadores em movimento relativo medirão o tempo de modo diverso e essas diferenças não são meramente percepções pessoais, mas a relatividade — ou real-atividade — da verdadeira essência do mundo físico. Imaginemos, por exemplo, dois observadores em uma estação espacial sincronizando seus relógios. Um deles permanece na estação, enquanto o outro se junta à tripulação de uma espaçonave capaz de viajar a 87% da velocidade da luz. Quando a espaçonave atinge sua velocidade máxima, o observador embarcado, que avalia o próprio tempo como "normal", perceberia, se pudesse, que para seu amigo na estação o tempo está passando só com a metade da rapidez. Inversamente, para o observador na estação, seu próprio tempo está passando normalmente, embora ele observe que o tempo na espaçonave está correndo na metade da velocidade "normal".

Entretanto, diferente do movimento de tudo que há no universo — de caramujos a estrelas —, a velocidade da luz *sempre* é medida como constante, não importa a rapidez com que um observador se aproxime ou se afaste. Isto se dá porque, quando a velocidade de um observador, ou de qualquer objeto, aumenta, o *próprio* tempo fica mais lento em perfeita correspondência, de modo que a velocidade da luz é sempre a mesma. Contudo, para cada observador, a medição de seu próprio tempo parece normal. Esta percepção de normalidade é fundamental, pois significa que as próprias leis da física são idênticas para todos os observadores que se movem em velocidade constante, independente do seu ponto de observação no universo.

A velocidade da luz, conhecida como "c" (do latim *celeritas*, que significa "rápido"), é a mais rápida das velocidades dentro do espaço-tempo e é, por conseguinte, o limite máximo de transmissão de todas as informações dentro do mundo físico. Os atributos combinados entre esta limitação inerente e a flecha universal do tempo encerram o princípio da causalidade dentro da própria natureza do espaço-tempo.

Esse princípio fundamental faz com que o universo se expanda e evolua, além de permitir que o nível de consciência associado ao ego-*self* — não só para os humanos, mas para todas as formas vivas cientes de si — experimente as implicações de fazer escolhas por meio de processos criativos de causa e efeito. Dessa maneira acumulamos aprendizado e entendimento.

Forças universais

Os filósofos taoístas da antiga China descreviam a origem do mundo físico pela divisão da unidade nas polaridades universais yin e yang. Embora, na atualidade, quatro forças aparentemente distintas tenham sido reconhecidas como reguladoras da matéria e da energia, os cosmólogos também acreditam que nos primórdios do universo elas eram essencialmente uma.

A primeira das quatro forças universais é o eletromagnetismo, intrínseco ao princípio holográfico e à mediação da consciência na expressão física.

Duas outras forças só operam na escala mínima do átomo — a dita "força nuclear forte", que mantém prótons e nêutrons unidos no núcleo atômico, e a "força nuclear fraca", que é responsável por fenômenos como o decaimento radioativo.

A quarta força é a gravidade, cujo poder de atração aumenta em relação à massa dos objetos, sendo então discernível apenas na interação de larga escala da matéria.

As magnitudes relativas dessas quatro forças e as escalas em que elas operam se equilibram de modo maravilhoso para facilitar a evolução da complexidade. Se a gravidade fosse só um pouco mais forte ou se as forças elétricas ou nucleares fossem levemente mais fracas, as estrelas não brilhariam e a vida biológica não seria possível.

Durante o século XX, os cientistas procuraram compreender cada uma dessas forças a fim de reuni-las numa visão unificada da natureza. Entretanto, só recentemente os cosmólogos conseguiram formular uma concepção do universo com potencial para tal unificação. Para isso, precisaram compreender a natureza da mesma maneira que os filósofos do mundo antigo.

A sinfonia cósmica

Os antigos sábios, intuitivamente, entendiam o mundo físico como essencialmente harmônico e o descreviam em termos musicais.

Nos tempos modernos, Einstein nos ofereceu a primeira pista de que os antigos estavam corretos ao revelar que toda matéria se formava essencialmente por ondas estacionárias de energia reunidas pela velocidade da luz. Isso foi descrito em sua famosa equação $E=mc^2$, demonstrando que a energia de um objeto, E, é igual ao produto de sua massa, m, e da velocidade da luz, c, multiplicada por si mesma.

No passado, considerava-se a hipótese de que matéria e energia eram formadas por "partículas" semelhantes a pontos. Na última década do século XX, porém, essa idéia foi substituída pelo conceito de que toda energia e matéria formam-se fundamentalmente por ondas ultradiminutas, as "cordas". Segundo a teoria, os padrões de oscilação e ressonância dessas cordas formam as "notas" fundamentais da sinfonia cósmica que é o universo.

Um requisito intrínseco dessa teoria em desenvolvimento é que as cordas não vibram em nosso espaço-tempo quadridimensional familiar (três dimensões de espaço e uma de tempo), mas em 11 dimensões. O reconhecimento de dimensões mais elevadas é um grande passo para nossa compreensão das realidades suprafísicas, mas são outros elementos fundamentais da teoria de cordas que podem nos dar a chave para revelações ainda mais profundas no nosso entendimento do Cosmos. Trata-se de objetos multidimensionais denominados "branas". Teoricamente, eles formam a estrutura na qual as cordas oscilam e à qual estão energeticamente ligadas. De acordo com a suspeita assustadora dos cosmólogos, são as branas que formam as fronteiras do espaço-tempo e, ao mesmo tempo, são os meios pelos quais todo o mundo físico é holograficamente projetado.

Notas quânticas

A compreensão que as vibrações das entidades fundamentais da natureza não são contínuas, mas mudam de forma seguindo passos discretos, com um pacote mínimo ou *quantum* de energia associado a cada freqüência, teve um significado crucial. Os cientistas descrevem tais *quanta* como existentes em "estados quânticos" e a mudança espontânea de um estado para outro como um "salto quântico". Assim como não há estágios intermediários entre uma nota musical e outra, também não há entre um estado quântico e outro.

Tal quantização é crítica para que o princípio holográfico opere porque são necessários *quanta* inteiros de energia para possibilitar a ocorrência dos fenômenos de coerência e ressonância — ou seja, manifestação física. O mesmo é verdadeiro para as notas inteiras que manifestam a harmonia musical.

Não-localidade

Até serem observados, os blocos quânticos constituintes de todo o universo só existem como probabilidades. Experiências demonstram, porém, que, quando observamos uma en-

28 O OITAVO CHACRA

tidade quântica — ou, significativamente, temos a intenção de fazê-lo —, ela se torna coerente e é percebida ou, como dizem os físicos quânticos, "realizada".

Tal evidência revela que já não podemos considerar um observador e o que é observado separadamente. E, embora a ciência tenha por anos insistido que tais efeitos quânticos estão limitados ao mundo diminuto das partículas fundamentais, cada vez mais se demonstra que não é assim.

Esse reconhecimento está profundamente associado a um dos mais intrigantes aspectos do comportamento quântico, conhecido como "não-localidade". Esse fenômeno comprova experimentalmente que os *quanta* podem ser instantaneamente conectados e são de fato uma entidade única — mesmo que separados por todo o universo.

Pesquisadores que investigam fenômenos como a telepatia e a clarividência revelaram que a mente humana também atua de modo não local. Nesses casos, conseguimos perceber acontecimentos e obter informações além das limitações dos nossos sentidos físicos. A comunicação pode transcender o espaço-tempo e, conseqüentemente, não depende de nenhum sinal ou influência transitando *pelo* universo.

Essencialmente, o que isso significa é que, no mundo físico, a influência é intermediada pela velocidade da luz. Portanto, a causalidade e a flecha do tempo são preservadas. Contudo, em níveis não locais de percepção, que incluem níveis mais elevados de consciência individual e coletiva, a percepção não está limitada pelos confins do espaço e do tempo.

O DVD universal

Agora precisamos ultrapassar as limitações da nossa percepção linear de tempo e começar a nos sintonizar com a natureza mais profunda do Cosmos.

Dentro do espaço-tempo, a percepção de que o espaço existe em sua totalidade nos é familiar, mas quando espaço e tempo formam uma única entidade, a totalidade do tempo também ocorre imediatamente. Portanto, como Einstein mostrou, nossa percepção consciente do fluxo do tempo é, em essência, uma construção mental.

Na simetria do universo nenhum referencial no espaço ou no tempo é mais válido que outro — a realidade abrange todos esses "agoras" sem distinção entre passado, presente e futuro. É somente em nosso quadro mental congelado que uma seqüência de eventos parece evoluir como uma história contínua. Algo como um DVD — que também funciona sob princípios holográficos —, em que cada momento do "agora" é um quadro fixo que, ao ser rodado em seqüência com os outros, cria uma história contínua e possibilita o desenrolar de uma experiência coerente.

Entretanto, como em uma história captada num DVD, a percepção da mudança realmente incorpora uma direção no tempo. E o futuro é diferente do passado. Como veremos, embora a estrutura subjacente do tempo esteja sempre presente, as informações relativas aos acontecimentos são progressivamente impressas conforme a história se desenrola.

Retornaremos ao profundo mistério do tempo no Capítulo 4, pois ele traz sérias conseqüências para nossa compreensão de livre-arbítrio e destino.

Padrões arquetípicos

Voltemo-nos agora, talvez com um suspiro de alívio, para aspectos mais familiares à nossa experiência cotidiana.

Na Antiguidade, os geômetras percebiam intuitivamente que padrões arquetípicos e harmonia eram os moldes subjacentes à diversidade que assistimos na natureza. No entanto, os limitados instrumentos disponíveis não lhes possibilitavam uma investigação profunda de fenômenos naturais, como os padrões climáticos, que fossem caóticos ou exibissem tal comportamento. Na década de 1960, contudo, o advento dos computadores possibilitou uma melhor compreensão desses sistemas complexos.

Desde então, os pesquisadores vêm examinando minuciosamente uma vasta série de dados relativos a uma variedade de sistemas que exibem flutuações e irregularidades, seja no espaço ou no tempo. O que eles descobriram foi uma revelação holográfica de padrões fractais auto-similares a se repetirem invariavelmente em escalas maiores e menores. Dos terremotos à economia, da incidência de conflitos às formas dos contornos costeiros, de ecossistemas biológicos à rede mundial de computadores, a assinatura harmônica do princípio holográfico se revela.

Sob o caos aparente, reina a ordem.

Leis de potência

Como exemplo, antes que essa "teoria da complexidade" fosse desenvolvida, a maioria dos pesquisadores buscava compreender e prever a ocorrência de terremotos usando métodos estatísticos. Tentaram determinar sua freqüência e escala segundo a premissa de que um terremoto "típico" poderia ser assim descrito. Mas não pode.

O que os sismologistas descobriram é que, numa gama de fenômenos incrivelmente ampla, a freqüência com que os terremotos ocorrem corresponde de modo direto à energia que liberam. Um terremoto duas vezes mais potente tem quatro vezes menos probabilidade de ocorrer.

Onde, como no caso dos terremotos, a duplicação contínua da freqüência de um fator (por exemplo, a energia liberada) produz uma resposta constante na freqüência de outro fator (por exemplo, a taxa de ocorrência), a natureza harmônica do fenômeno e a ressonância subjacente a sua inteira manifestação são reveladas. Tal relação é conhecida como "lei de potência".

A simplicidade inerente das leis de potência holográficas serve de base para a complexidade dos fenômenos que eles descrevem. Qualquer sistema que obedece a uma lei de potência é invariante de escala, auto-similar e baseado num padrão fractal — e, como tal, o termo "típico" não se aplica.

Ciclos harmônicos

Todos esses sistemas exibem o que é chamado "comportamento não-linear". Em outras palavras, uma pequena causa pode dar origem a um grande efeito, ou vice-versa. Esse fenômeno, então, pode provocar outros efeitos, maiores ou menores, que por sua vez podem novamente alimentar a causa inicial, criando ciclos harmônicos de comportamento.

Esses sistemas revelavam-se holográficos em natureza porque, quando as variáveis que descrevem seu comportamento foram traçadas matematicamente, descobriu-se que assumem as formas do que são conhecidos como "atratores". Tais atratores são, essencialmente, os moldes energéticos a partir dos quais os sistemas se manifestam.

Para grande surpresa dos cientistas, parece que só há três tipos de atratores, sendo cada um deles genérico para fenômenos específicos. Os atratores subjacentes a muitos sistemas complexos são chamados, talvez sem surpresa, de "estranhos". E são eles que estão em todos os fenômenos complexos mencionados acima.

Estados críticos

Embora a teoria da complexidade consiga explicar a imprevisibilidade, ela não é suficiente para explicar desvios ou sublevações de maior porte. Para tanto, precisamos desenvolver uma compreensão mais profunda dos sistemas que não estão em equilíbrio, especialmente daqueles que se posicionam na tênue linha, entre ordem e caos.

Esses sistemas não lineares, onde um acontecimento mínimo pode desencadear tanto um pequeno deslocamento quanto uma sublevação catastrófica, são inerentemente instáveis e descritos como "em estado crítico". Encontram-se numa grande variedade de fenômenos e sua assinatura matemática já foi reconhecida em acontecimentos aparentemente diversos, como o contágio das epidemias, o colapso de ecossistemas, a quebra de bolsas de valores e incêndios florestais.

Cada vez mais se reconhece que vários tipos de redes interligadas têm a tendência de naturalmente se organizar em tais estados quando se abrem para o fluxo energético. O seu comportamento está relacionado unicamente à questão da facilidade com que uma influência ordenadora ou desordenadora num ponto do sistema leva ordem ou desordem a outro ponto próximo. Além disso, *somente* a dimensão física dos elementos do sistema e sua forma geométrica básica importam na efetuação desta influência e, por conseguinte, no comportamento do sistema — nada mais.

Essa surpreendente universalidade nos diz que, se as características de um exemplo em uma classe universal de fenômenos são compreendidas, então todos os outros componentes daquela classe também são.

Isso também revela que se os fatores fundamentais de tamanho e forma elementares forem compreendidos, então a diversidade do sistema pode ser moldada sem precisar recorrer à miríade de outros detalhes exibidos.

Mais uma vez, quanto mais profundamente esquadrinhamos a diversidade da manifestação, mais harmonia e ordem subjacente descobrimos — o holograma cósmico da consciência em funcionamento.

Feedback

Quando uma influência gerada pelo elemento de um sistema sobre outro resulta numa influência reversa, diz-se que o sistema exibe *feedback*. Quando os processos de *feedback* são irreversíveis — o que acontece no futuro depende do acúmulo do que aconteceu no passado —, a história do sistema tem importância.

Tais processos de *feedback* são um componente intrínseco de sistemas críticos que se auto-organizam e prevalecem em contextos que envolvem crescimento e evolução.

Embora o estudo de tais processos ainda esteja em sua infância, trazer à luz desses novos instrumentos expande de modo espetacular nossa compreensão do Cosmos e começa a solucionar mistérios profundos relativos à Terra e sua história. Os insights que eles oferecem sobre aspectos evolutivos e revolucionários da influência e comportamento coletivos também se aplicam às interações humanas e aos sistemas social e econômico.

Membranas

Os mesmos princípios holográficos subjacentes parecem operar em todas as formas de vida biológica, sejam incorporados em organismos unicelulares ou em ecossistemas inteiros.

Pesquisas biológicas modernas têm enfatizado o "poder" dos genes e supõem que quanto mais complexo é um organismo, maior número de genes ele vai possuir. Contudo, o recente relatório do Projeto Genoma Humano, que teve início no fim da década de 1980 e buscava mapear a seqüência genética do DNA humano, deixou os geneticistas atônitos. Ele provou que não só temos apenas a quarta parte do número de genes esperados, mas que não há muita diferença entre esse número e o total de genes encontrados em organismos muito mais primitivos. Claramente, os genes não são a resposta final para a evolução da complexidade biológica!

Por outro lado, alguns biólogos pioneiros observaram como a relação de um organismo com seu meio ambiente e, mais especificamente, sua percepção do meio ambiente exercem controle direto sobre o comportamento e a atividade genética e, portanto, em última análise, sobre a evolução.

Um desses cientistas é o biólogo celular Bruce Lipton. Dentro da célula, a maior parte do material genético se concentra no núcleo. Lipton demonstrou que se os genes realmente representassem o centro de controle ou "cérebro" da célula, a retirada do núcleo resultaria na interrupção de todas as funções celulares e, por fim, na morte da célula. Entretanto, essas células sem núcleo conseguem sobreviver por vários meses, como se fossem normais, respondendo aos estímulos ambientais e sustentando vida. Lipton e outros concluíram que é a membrana da célula, suas bordas externas e o único órgão comum a todos os organismos vivos, que representa o seu "cérebro".

Como uma barreira semipermeável, a membrana habilita a célula tanto a se proteger do ambiente externo quanto a manter o controle sobre suas condições internas. Mas não é uma fronteira passiva; ela intermedeia ativamente as informações entre o exterior e o interior da célula. Controla eficazmente a adaptação pelo reconhecimento dos sinais ambientais através de proteínas "receptoras". Elas percebem tanto os sinais físicos — por exemplo, na forma de íons químicos carregados eletricamente —, quanto os sinais energéticos — como os transmitidos por vibrações eletromagnéticas.

Agora tudo indica que a consciência máxima expressa por todo o universo físico pode ser proporcional às branas, que são seus limites holográficos. Parece também que a percepção máxima que uma célula biológica é capaz de processar pode ser proporcional à área da mem-brana que a cerca.

A evolução fractal dos organismos multicelulares possibilita, então, a incorporação de uma percepção crescente. Assim, ela otimiza a capacidade de adaptação, sobrevivência e prosperidade, providenciando cada vez mais oportunidades para a co-criação consciente florescer. Portanto, todos os organismos biológicos, inclusive os seres humanos, são, essencialmente, hologramas microcósmicos.

Todos nós temos moldes causais para nossa forma física, conhecidos como biocampos. Pesquisas também demonstraram que as contrapartidas físicas desses biocampos são intermediadas por campos eletromagnéticos coerentes, o *modus operandi* do princípio holográfico.

Da mesma forma que agora está sendo considerada a possibilidade de os padrões fractais serem responsáveis pela evolução da vida, os teóricos dos sistemas distinguiram esses padrões também nas obras das sociedades humanas. A ascensão e queda de economias, a incidência e a escala de conflitos e a natureza da rede mundial de computadores, tudo isso mostra que não há diferença fundamental entre o mundo "natural" e o "feito pelo homem". Eles — e nós — são todos aspectos do holograma cósmico.

O holograma cósmico

Vimos como a ciência está se harmonizando com a tradição espiritual na percepção emergente do Cosmos holográfico.

Progressivamente, a consciência vem sendo vista como a mente cósmica que a tudo permeia. E ela não é apenas inerente a todas as escalas da existência, mas *é a própria existência*. O holograma do mundo físico, que se expressa como energia manifestada em forma de ondas, é continuamente co-criado a partir de suas interações.

Agora podemos estimar que o universo é intrinsecamente interligado e harmônico, e agrega ordem e propósito. Assim, podemos também começar a discernir de que modo devemos nos alinhar com nosso propósito mais elevado e com o fluxo cósmico da vida. Já não precisamos lutar com a visão fragmentada do Cosmos que passou a dominar a cultura ocidental, pois esta visão de mundo está ultrapassada. Agora podemos reivindicar o conhecimento intuitivo de que somos seres espirituais passando por uma experiência física e que, no nível mais fundamental, somos todos um só.

Quando começarmos a reconhecer essas realidades mais profundas de espaço e tempo — e que nossa percepção consegue voar além de suas limitações —, estaremos prontos para iniciar nossa jornada para re-lembrar quem *realmente* somos.

No próximo capítulo vamos explorar a harmonia universal da luz e do som, intrínseca ao funcionamento do holograma cósmico, e veremos sua profunda influência na nossa jornada como seres humanos.

CAPÍTULO 2

Harmônicos da criação

NO CAPÍTULO ANTERIOR, EXPLORAMOS COMO a ciência está redescobrindo o que a sabedoria perene sempre afirmou — que o universo é uma totalidade holográfica e possui um propósito e um significado criativos. Neste capítulo, nos concentraremos nos atributos harmônicos da luz e do som. Em seus padrões arquetípicos, veremos de que maneira os ensinamentos da sabedoria e a ciência revelam como a consciência se expressa energeticamente através do Cosmos ressonante.

Música

Fundamentalmente, como vimos, acredita-se que todas as energias do holograma universal derivam da ressonância vibratória das notas de cordas diminutas. Os princípios essenciais que regem a criação musical são os mesmos que servem de base para a consciência co-criar a sinfonia cósmica do universo. Portanto, os princípios da música e as relações numéricas de onde surgem suas harmonias nos oferecem a mais apropriada das linguagens para descrever como a consciência atua no mundo físico e nos patamares transcendentais.

Há três elementos de harmonia musical que são cruciais para compreendermos como a consciência co-cria o mundo físico.

Sintonia

O primeiro elemento é a sintonia, processo em que ajustamos a freqüência de alguma coisa para harmonizá-la com a de outra. Isso se revela quando fazemos soar um diapasão — qualquer instrumento de cordas que esteja próximo vibrará automaticamente no mesmo tom. Da mesma forma, quando estamos "em sintonia" com nós mesmos e com os outros, estamos alinhados com a freqüência vibratória deles. Inversamente, quando estamos "desafinados" ou dissonantes, estamos fora de alinhamento. Nosso bem-estar, nos planos mental, emocional e físico, na verdade, depende do quanto estamos energeticamente alinhados e em harmonia com todos os aspectos de nós mesmos, uns com os outros e com o mundo em geral. Os antigos entendiam que a doença surge da desarmonia e tinham consciência dos benefícios terapêuticos da luz e do som.

Coerência

Para entender os outros dois elementos de harmonia, precisamos considerar que as ondas não são apenas descritas por sua freqüência, mas também por sua amplitude e fase.

À medida que se propagam, as ondas incorporam uma curva três-em-um, ou seja, cada onda se eleva, atinge o ápice e cai, sendo cada estágio uma fase completa. Amplitude é a altura de uma onda a partir de seu ponto médio — sua intensidade ou potência intrínseca.

Compreendendo isso, podemos agora analisar o segundo elemento de harmonia, a coerência. Ela descreve uma situação em que a freqüência, a amplitude e a fase das ondas se alinham.

Por exemplo, a luz de uma lâmpada comum compreende muitas freqüências e amplitudes e se irradia em todas as direções, enquanto a luz de um raio laser foi sintonizada numa única freqüência e direção e suas ondas, alinhadas, crista a crista, em fase. A diferença de potência concentrada nas duas é extraordinária. Uma lâmpada só pode ser utilizada para iluminar um pequeno espaço, enquanto o laser consegue atravessar metais. Na verdade, desenvolveu-se um raio laser tão poderoso que recentemente ele conseguiu interceptar o satélite *Messenger*, a mais de 22 milhões de quilômetros de distância da Terra, rumo ao planeta Mercúrio.

Ressonância

O terceiro elemento de harmonia é a ressonância, ou vibração solidária. Ela ocorre em conseqüência de algo que está sintonizado e, portanto, coerente com outra coisa e, assim, ambos combinam suas energias.

Um exemplo bem conhecido disso foi quando Londres celebrou a chegada do novo milênio abrindo uma nova ponte para pedestres sobre o rio Tâmisa. À medida que as pessoas iam cruzando a ponte, descobriu-se que a freqüência de seus passos era ressonante com a ponte, provocando uma perigosa oscilação. Somente quando a estrutura da ponte fundamental foi alterada, tornando-se assim dissonante da freqüência do andar dos pedestres, é que os usuários puderam atravessá-la com segurança.

A ressonância também ocorre naturalmente quando as freqüências que interagem são oitavas umas das outras. Talvez o leitor já tenha percebido que ao tocar uma nota num piano, aquelas que são oitavas mais altas ou mais baixas também reverberam.

Nossa psique pode ser comparada às oitavas de um teclado de piano. Ao passarmos por determinada experiência, a percepção desse fato ressoa nos planos espiritual, mental, emocional e físico do nosso ser. Quando as experiências são traumáticas, não sendo suas marcas solucionadas e liberadas, acabam se tornando crônicas e podem ser incorporadas no plano celular como doença física.

Co-criação de realidades

Os três elementos principais de harmonia musical — sintonia, coerência e ressonância — também nos ajudam a entender como acabamos co-criando nossas realidades, pois quando temos a intenção de fazer algo, sintonizamos nossa atenção naquilo. Desse modo, nossa percepção fica coerente com nossa intenção e energeticamente ressonante com o que pretendemos. Quanto maior a intensidade, ou amplitude, de nossa intenção e atenção, mais poderosa será a energia ressonante e a manifestação do nosso propósito.

A natureza holográfica da nossa consciência é integral — essencialmente vibrações diferentes de uma entidade completa, nossa alma. Portanto, ao falarmos de intenção e atenção desse modo, é importante compreender que elas podem surgir em qualquer plano do nosso psiquismo, não apenas na percepção consciente do nosso ego-*self*, mas nos planos subconscientes ou transpessoais de percepção.

No próximo capítulo vamos examinar como nossas crenças e percepções moldam nosso bem-estar e, portanto, nossa vida. Vamos também continuar observando como a manifestação segue a energia e de que modo a energia expressa a consciência. Esse entendimento é crucial para nossa jornada rumo a totalidade de quem realmente somos.

Três-em-um

O princípio holográfico pode ser percebido como expressão do Um através da diversidade dos muitos. Todos os ensinamentos espirituais descrevem essa divisão da consciência única nas polaridades universais e a retratam sob vários símbolos. Entretanto, talvez isso seja mais conhecido pela tradição taoísta do yin e do yang. Sua eterna dança criativa de forças ativas e passivas, seus aspectos luminosos e sombrios e de atributos masculinos e femininos reverberam por todas as escalas da existência.

Contudo, essas forças ativas e passivas só podem produzir fenômenos pela presença de um terceiro princípio, uma força neutra ou criativa. Assim sendo, a filosofia taoísta, em comum com todas as tradições de sabedoria perene, percebe que a natureza inata de toda manifestação não é dupla, mas tríplice.

A criatividade do Um é explorada justamente na resolução desse equilíbrio três-em-um. Por exemplo, noite e dia são equilibrados pela penumbra da alvorada e do poente, e o casamento sagrado dos princípios masculino e feminino é fertilizado pelo nascimento de uma criança.

O Lama Kazi Dawa-Sandup o descreve na doutrina budista:

No ilimitado panorama do universo existente e visível,
qualquer forma que apareça, qualquer som que vibre,
qualquer irradiação que ilumine e qualquer consciência
perceptiva, tudo é obra ou manifestação do Tri-kaya,
o princípio tríplice da Causa de todas as causas, a
trindade primordial.

Por fim, em todos os planos simbólicos, energéticos e experimentais, essa tríade na unidade é inteiramente expressa na elevação, pico e queda das ondas. Enquanto em sua elevação e queda as expressões polares do yin e do yang estão abertas, é nos pontos críticos, quando elas atingem seu cume e se reformam, que o ciclo consegue se completar e seguir adiante. E é por intermédio desses pontos críticos que todos os fenômenos são co-criados.

No holograma, também, a unidade do feixe inicial de luz se divide em dois, e é somente a partir da recombinação desses dois feixes que nasce a imagem holográfica.

A tradição védica da antiga Índia também concebia o mundo físico, em seu plano mais profundo, como um estado em contínua criação pela ação recíproca dos três princípios fundamentais da natureza, os *gunas*. Traduzidos como "luz", "fogo" (ou criatividade) e "escuridão", esses três princípios são onipresentes, embora os antigos sábios ensinassem que a parceria direta entre luz e escuridão não acontecia. A criatividade é necessária para equilibrar um com o outro. Novamente, é o terceiro princípio que serve de moderador, possibilitando resolução na totalidade.

Nos escritos do *Tao Te Ching*, "O Caminho do Tao", ou verdade última, a natureza tríade dos fenômenos é simbolicamente descrita como:

O Tao gerou o Um. O Um gerou o Dois. O Dois gerou o Três. E o Três gerou dez mil coisas. As dez mil coisas carregam o yin e abraçam o yang. Alcançam a harmonia combinando esses fatores.

Os chineses reconhecem essas combinações cósmicas em forma de trigramas arquétipos do yin e do yang, os *kua*. Existem oito permutações de *kua*, a partir de três yin e três yang e todas as variações entre elas.

Credita-se ao sábio chinês King Wen a criação de uma parceria entre dois trigramas para formar um hexagrama. O total de 64 combinações possíveis desses hexagramas compõe o instrumento divinatório do *I Ching*, o "Livro das Mutações".

Um milênio mais tarde, o matemático Gottfried Leibniz viu no *I Ching* os elementos fundamentais da notação binária na qual a linguagem dos computadores agora se baseia. E quando a estrutura do DNA foi descoberta, notou-se que os pares binários de suas bases genéticas, ou codons, se organizavam com a mesma matriz de 64 hexagramas do *I Ching*.

Luz

A natureza tríplice dos fenômenos está incorporada na própria luz. A luz visível abarca uma única oitava de energia dentro do espectro eletromagnético. Ao longo de mais de 70 oitavas, ela oscila entre raios X (ondas curtas de alta freqüência), microondas, e ondas de rádio (ondas longas de baixa freqüência), e vai além. A interseção de 90 graus entre um campo elétrico e um magnético faz com que as ondas de um espectro eletromagnético viajem numa terceira direção, perpendicular. E num plano fundamental, como discutimos no primeiro capítulo, a luz entrelaça espaço e tempo.

A divisão de um raio de luz coerente e sua recombinação é, como também já vimos, a base do holograma. Mas pode-se também criar, dividir e recombinar raios de sons coerentes para formar hologramas acústicos. Na verdade, é assim que os golfinhos criam representações tridimensionais de seus ambientes.

Todo o espectro eletromagnético ressoa intimamente com o som e a conversão de luz em som forma a base de nossas tecnologias globais. Quando eu pego o telefone para fazer uma chamada, por exemplo, o som da minha voz é convertido em um sinal digital que então é transmitido como energia eletromagnética pela linha telefônica ou enviada via satélite para o telefone da pessoa que estou chamando. Quando ela pega o telefone, minha voz é novamente convertida em som no seu receptor. Quando ela fala, sua voz me alcança pelo mesmo processo alquímico.

Biocampos

Os antigos percebiam a ação recíproca de luz e som cósmicos como formadora dos moldes suprafísicos das formas manifestas. Pesquisas atuais revelam que campos eletromagnéticos coerentes representam o princípio ordenador do nosso corpo físico. O molde energético para a estrutura física de um organismo costuma ser conhecido como seu "biocampo", embora o biólogo Rupert Sheldrake também tenha inventado o termo "campo mórfico".

Pesquisas indicam que é possível que existam atributos de maiores dimensões em campos eletromagnéticos, e que eles podem servir de base para tais biocampos. Também podem ser transferidos para a forma material pelos componentes físicos desses campos coerentes.

Pesquisas pioneiras sobre os campos de baixa energia do corpo apóiam essa idéia. A estrutura molecular tanto dentro quanto entre as células do nosso organismo é suficientemente ordenada para sustentar a semicondução de eletricidade. A polaridade uniforme de nossos nervos atua como um guia de ondas de mão única para pulsos eletromagnéticos, fornecendo coerência energética ao sistema nervoso.

Campos elétricos na camada externa da membrana cutânea também parecem iniciar sua regeneração pelo estímulo da diferenciação celular, promovendo assim a cura. Os campos elétricos também estão intrinsecamente envolvidos no processo de transformação das células — por meio do qual elas se tornam funcionalmente especializadas — e, assim, no modo que a diversidade da forma física se realiza.

Som

Uma vez que os harmônicos de luz coerente formam o molde holográfico para nossa forma física, não deveríamos nos surpreender com o fato de as harmonias do som também serem essenciais para nosso bem-estar mental, emocional e físico.

Com 24 semanas, os ouvidos de um feto humano estão totalmente formados e sua reação ao som já foi plenamente comprovada. É bastante comum, durante a gravidez, as futuras mães colocarem música para seus bebês. O som do batimento cardíaco normal também tranqüiliza os recém-nascidos, chamando o sono, enquanto um batimento cardíaco acelerado ou um som dissonante os incomoda.

Experiências realizadas com plantas também demonstraram que a música acelera ou inibe seu crescimento normal, dependendo do tipo de melodia escolhida. Comprovou-se que música clássica ou devocional exerce efeitos benéficos, enquanto o rock tem um impacto contrário.

Tais experiências com plantas provam que independente de gostos musicais pessoais, num plano objetivo, diferentes melodias exercem efeitos específicos no bem-estar biológico.

Uma das mais significativas descobertas do botânico Dr. T.C. Singh foi que as últimas gerações de sementes de plantas musicalmente estimuladas por música benéfica continuam exibindo traços melhorados. Embora não tenha havido experiências com plantas expostas à música nociva, parece lógico que os traços negativos também se transfiram de uma geração para outra.

Os biólogos estão começando a reconhecer que esses supostos "traços epigenéticos", que também são conseqüência do estilo de vida e do ambiente, constituem um fator significativo da nossa herança genética.

Ouvir e escutar

A audição é o primeiro sentido desenvolvido na vida *intra-uterina* e parece ser o último a enfraquecer durante a decadência do corpo físico. A forma como ouvimos exerce profundo efeito sobre nossa aprendizagem e nosso modo de interagir com o mundo exterior.

O Dr. Alfred Tomatis, que passou a vida se dedicando ao estudo da audição, faz uma clara distinção entre ouvir e escutar. Ele define o ouvir como um processo passivo, em que meramente detectamos os sons a nossa volta. Escutar, por outro lado, é um processo ativo que requer a intenção consciente para compreender o significado do que estamos ouvindo. Conseqüentemente, podemos desfrutar de ótima audição e mesmo assim escutar muito mal.

O estudo da integração sensorial, desbravado por Jean Ayres, também demonstrou que quando não há estímulo no vestíbulo da orelha interna, as crianças podem se tornar hiperativas, numa tentativa de compensar a falta de estimulação auditiva.

Para escutar bem é preciso ser capaz de ouvir o som, enfocar a informação nele contida e também filtrar o ruído desnecessário que o acompanha. Enquanto os bons escutadores conseguem separar a sonoridade que devem captar da que não devem, os maus não têm a capacidade seletiva de excluir o som indesejado. Em situações extremas, o único mecanismo de defesa contra um bombardeio contínuo é desligar-se de todos os sons. É o que fazem os indivíduos que sofrem de Distúrbio de Déficit de Atenção (DDA).

Mas não é apenas pelas orelhas que ouvimos, pois o som também é conduzido por meio dos ossos do corpo. Se, por qualquer razão, esse som interno é desligado, o aprendizado também é dificultado.

Tomatis e outros pesquisadores descobriram que pessoas que sofrem do Distúrbio Hiperativo de Déficit de Atenção (DHDA) ou do DDA, especialmente crianças, escutam excessivamente com o corpo e não conseguem filtrar seletivamente essas informações sensoriais, prestando atenção a tudo que entra ou eliminando todos os conteúdos. Se prestam atenção a tudo, são incapazes de se concentrar num tópico específico e, assim, parecem possuir um déficit de atenção. Elas também se sentem sobrecarregadas e ficam frustradas, zangadas ou ansiosas. Inversamente, a eliminação de tudo resulta em letargia e recolhimento.

Durante muitos anos Tomatis e seus colegas desenvolveram técnicas que treinam as orelhas para serem as principais receptoras de som. Com a dessensibilização da condução óssea, o estresse é reduzido e a audição e o aprendizado são estimulados.

Tomatis também descobriu que ouvimos de modo diferente em cada orelha e que cada um de nós possui a orelha direita ou a esquerda dominante. Aqueles que têm a direita dominante geralmente são capazes de aprender com mais facilidade do que os outros. Isto é coerente, pois a orelha direita está diretamente ligada ao lado esquerdo do cérebro, que é basicamente responsável pelo desenvolvimento e processamento da linguagem. Com a orelha esquerda dominante, os sinais se ligam diretamente ao lado direito do cérebro, mas precisam passar para o lado esquerdo para que haja o processamento da linguagem. Isto não só torna o processamento das informações mais lento, como também faz certos sons de freqüência elevada se perderem durante a transferência. Portanto, essa dominação auditiva tanto influencia nossa capacidade de aprender matérias baseadas na linguagem, quanto afeta nossa capacidade de comunicação e, por conseguinte, nosso bem-estar emocional.

Novamente, Tomatis desenvolveu modos de suavizar os extremos de tal desequilíbrio. Contudo, a música está associada ao hemisfério direito do cérebro e, portanto, à orelha esquerda. Embora não seja do meu conhecimento a realização de qualquer pesquisa, acho que seria útil examinar se a orelha esquerda dominante não estaria ligada à habilidade musical.

As orelhas também atuam como uma incrível estação de transmissão para *todas* as informações sensoriais entre o sistema nervoso e o cérebro. Como tal, não apenas nossa audição, mas a visão e o tato são intermediados pelo mecanismo auricular. Portanto, o aprendizado e outras dificuldades comportamentais podem estar mais ligados à dificuldade de escutar do que normalmente é reconhecido. Contudo, como as técnicas de Tomatis demonstraram, em muitos casos podem ser minoradas.

Acarretamento

Como o musicólogo David Tame observou, é provável que a música, como a linguagem, nos proporcione uma estrutura de conceitos mentais e experiências emocionais capazes de moldar nossa visão de mundo.

De fato, a linguagem afeta profundamente a maneira como percebemos o mundo a nossa volta. Tame observou que quando uma sociedade não possui uma palavra para descrever um conceito em particular, costuma ser incapaz de identificar sua realidade. Ele relata a dificuldade de algumas tribos africanas em distinguir cores que não possuem nomes, embora não haja nada de errado com a visão deles.

As palavras de um idioma codificam conceitos e fenômenos percebidos e vivenciados culturalmente. Na infância, a adoção da língua materna efetivamente acarreta nossos pensamentos.

Mas a música não só suscita nossos pensamentos, como também nossas emoções e organismo nos planos consciente e subconsciente. Como o musicólogo Julius Portnoy descobriu, ao afetar nossos estados mentais e emocionais, ela também consegue mudar nosso metabolismo, elevar ou baixar a pressão arterial e influenciar a digestão.

O que Portnoy descobriu foi que músicas cujo ritmo é mais ou menos parecido com o batimento cardíaco normal nos tranqüilizam. Quando é mais lento, cria suspense, e quando é mais rápido, ficamos excitados.

Existem atualmente centenas de estudos sobre os efeitos da música, especialmente quando aliada a poderosas imagens visuais, e todos mostram uma ligação entre a violência presente na mídia e o comportamento anti-social. Enquanto a linguagem se correlaciona com o lado esquerdo do cérebro — da conceituação mental —, a música o faz com o lado direito — da percepção emocional. Ela, efetivamente, transcende a linguagem falada, ressoando diretamente em nossas emoções. Como tal, seu poder — para o bem e para o mal — é enorme.

Musicoterapia

Antigas técnicas de cura se apoiavam de modo substancial no valor terapêutico da música para tranqüilizar. Grande parte da influência inspiradora das sagas védicas e gregas deriva do fato de serem cantadas e não faladas. Nos últimos anos, a terapia do som ressurgiu, liderada por profissionais como Don Campbell, Jonathan Goldman e James D'Angelo.

Todas essas terapias exaltam o valor das ondas do som combinadas com as ondas do silêncio. Na tradição védica da antiga Índia, cujos textos sânscritos provavelmente constituem a primeira fonte escrita de sabedoria antiga, o som audível é ou *ahata*, expressão física do som cósmico, ou *anahata*. Enquanto o primeiro é ouvido com os ouvidos, o último só pode ser "ouvido" em comunhão com as realidades transcendentais.

Anahata também é o nome dado, pela mesma tradição, ao chacra do coração — num reconhecimento de que é o coração que ouve a Palavra arquetípica de Deus. O antigo nome egípcio para o criador iminente era Amon, de onde deriva o "amém" das orações cristãs. Amon também está associado ao som cósmico ou Palavra dos sábios védicos, o *Aum* ou *Om*. O *A-u-m* não só representa o som primordial do Cosmos como, ao entoá-lo, especialmente como parte integrante de uma prática espiritual — o ioga, por exemplo —, a pessoa entra em alinhamento e harmonia com o fluxo cósmico.

Batimentos biauriculares

Quando ouvimos sons com freqüências quase idênticas num estéreo — com sinais diferentes chegando em cada ouvido —, o cérebro integra os dois e produz a sensação de um terceiro som, chamado de "batimento biauricular".

Os sinais podem ser escolhidos para que a freqüência do batimento biauricular seja baixa e dentro dos limites das freqüências das ondas cerebrais. O Monroe Institute, na Virgínia, nos Estados Unidos, fundado por Robert Monroe e agora dirigido por sua filha Laurie, desenvolveu técnicas poderosas para filtrar a estática sonora e mesclá-la com batimentos biauriculares de freqüências específicas a fim de facilitar estados concentrados de consciência. O instituto gravou CDs da chamada "metamúsica", estilo que combina composições musicais com batimentos biauriculares subjacentes. Eles promovem estados variados de relaxamento e meditação que favorecem a cura, estados de ápice que fomentam o aprendizado e a criatividade e estados místicos que acessam nossa percepção mais elevada.

O poder da música

A grande quantidade de monumentos sagrados espalhados pelo mundo cujas estruturas e geometrias são acusticamente ressonantes deixa claro que os antigos apreciavam o poder da música e sua capacidade de produzir estados alterados de consciência. Dos nichos sônicos no templo de Ollantaytambo, no Peru, às pirâmides do Egito, passando pelo Tesouro de Atreu, na Grécia, e pelas câmaras neolíticas da Grã-Bretanha, o mundo antigo era repleto de santuários sonoros. A arquitetura sublime das catedrais góticas da Europa medieval também é, em sua essência, música congelada na pedra.

A primazia do som cósmico era de grande significado cosmológico para as dinastias da antiga China. O tom fundamental da música imperial chinesa, o *huang chung*, ou "sino amarelo", era recomposto por cada novo imperador para assegurar o alinhamento entre o Céu e a Terra. Essa mais pura manifestação do impulso criativo do Cosmos era usada para assegurar que toda música chinesa preenchesse seu único propósito: purificar tanto os artistas quanto os ouvintes e alinhá-los com a vontade divina.

Esse papel tão conscientemente criativo da música, para o bem ou para o mal, também foi utilizado tanto nas sociedades livres quanto nas totalitárias. Como foi relatado por David Tame, quando Stalin chegou ao poder na União Soviética, imediatamente entendeu que a aproximação, até então liberal, com a música oferecia uma ameaça significativa à regra comunista, pois as formas musicais recentemente desenvolvidas estimulavam a expressão individual. Ele, então, fortaleceu a autoridade da conservadora Associação Russa dos Músicos Proletários, que ridicularizava qualquer música remotamente progressiva, assegurando assim que a música apoiasse a política do governo.

A escala cromática

O vasto compêndio da expressão musical de todas as culturas e de toda a história é formado por apenas 13 notas. Toda música, dos mantras védicos às sonatas de Mozart e às baladas dos Beatles, é composta com as 12 notas da escala musical cromática, pois a 13ª completa uma oitava e inicia a próxima.

Na totalidade da escala cromática, os antigos identificaram duas subescalas, que formam a base das tradições musicais orientais e ocidentais prevalecentes. A escala diatônica, que completa a escala na oitava nota, nos é familiar pelas notas brancas de um piano. Na Ásia, a escala pentatônica é formada por cinco notas, que também abarcam uma oitava.

O filósofo grego Pitágoras foi o primeiro a ensinar os princípios da escala cromática fora dos templos do antigo Egito, da Caldéia e da Índia. As notas da escala se baseiam em razões fundamentais entre números simples inteiros, e a criação da escala completa se inicia com a fixação de uma corda ou fio de qualquer comprimento nas extremidades de uma base estável, que é então esticada, como num violão ou violino. Quando a corda é tocada, ela vibra em sua nota fundamental, que depende do seu comprimento. A colocação de um dedo ou cavalete no ponto intermediário da corda produz, em qualquer uma de suas metades, uma nota que representa o dobro da freqüência da nota fundamental — o intervalo conhecido como oitava. Dividir o comprimento da corda em dois terços cria, portanto, duas notas separadas por uma oitava. Prosseguindo com a divisão de cada seção de dois terços em seqüências cada vez menores, com proporção de dois terços, produz-se uma gama de notas mais altas, cada uma delas em relação harmoniosa com as anteriores e as posteriores. No 13º passo, o ciclo se completa quando a nota original soa outra vez, embora ligeiramente em bemol.

Essa escala cromática dos antigos é harmonicamente ressonante na fisiologia em espiral da nossa orelha interna e também no corpo físico como um todo. As notas brancas e pretas do piano moderno a representam, mas com uma diferença crucial, pois entre a 13ª nota e a duplicação ideal há uma pequena discrepância na freqüência — 1,34 por cento —, conhecida pelos antigos e que se denomina "coma pitagórica". Os iniciados por esse mestre grego reconheciam que a abertura espiralar para freqüências sempre mais elevadas possibilitada pela coma incorporava a evolução inata do mundo físico. É provável também que eles tenham entendido que o harmônico de 12 em 13 é o meio fundamental pelo qual a unidade da consciência se integra à forma física.

Com o surgimento das orquestras no século XVII, no entanto, a dificuldade de afinação entre os diferentes instrumentos resultou na introdução da escala de temperamento igual usada atualmente. Agora, a diferença representada pela coma pitagórica é igualmente distribuída pelas 12 notas da escala, garantindo que a 13ª seja uma oitava exata — ou duplicação — acima da primeira.

Embora pragmático, esse ajuste moderno se afastou da harmonia musical com a qual nosso corpo é naturalmente ressonante. Contudo, esses ritmos antigos e a natureza terapêutica da música retornam à nossa consciência quando buscamos o restabelecimento do bem-estar, da harmonia e da totalidade.

Cimática

A musicalidade e a harmonia próprias da natureza também foram reveladas ao físico alemão Ernst Chladni 200 anos atrás. Chladni descobriu que ao cobrir um prato chato de metal com areia e tocá-lo com um arco, como se estivesse tocando violino, apareciam certas formas na areia.*

Mais recentemente, o Dr. Hans Jenny, médico suíço, expandiu as idéias de Chladni, usando uma variedade de meios para demonstrar a primazia das vibrações a todas as formas físicas. Ele chamou esse processo de "cimática" — *kyma* significa "onda" em grego.

Na antiga ciência da arquitetura sacra, os harmônicos geométricos mais fundamentais revelados pela cimática eram incorporados às dimensões e formas de edifícios criados como o microcosmo da sinfonia cósmica, para facilitar a cura do corpo e liberar o espírito.

Harmônicos da criação

Em nossa exploração da luz e do som cósmicos, descobrimos que a consciência co-cria a sinfonia cósmica do universo usando os mesmos princípios harmônicos inatos à expressão musical. Esses harmônicos fundamentais da criação soam continuamente pelo Cosmos. Intenção e percepção, então, manifestam nossas realidades pelos princípios harmônicos de sintonia, coerência e ressonância.

Nos próximos capítulos veremos como as 13 notas da escala musical são intrínsecas ao entendimento da totalidade da alma. Quando expandimos nossa percepção, elevamos as

---

* As experiências de Chladni seguiram o trabalho pioneiro do cientista inglês Roberto Hooke. (N. do R.T.)

vibrações da consciência a vôos ainda mais grandiosos do Espírito.

No próximo capítulo realmente voaremos para além dos confins do espaço e do tempo.

CAPÍTULO 3

Crer para ver

A PERCEPÇÃO EMERGENTE DO COSMOS HOLOGRÁFICO está equilibrada para eliminar a aparente separação entre mente e matéria que há tanto tempo serve de base para a cisão entre ciência e Espírito. A consciência da mente cósmica é primordial para sua expressão universal como energia, e toda matéria, inclusive nosso corpo físico, é formada por ondas regulares de energias coerentes.

Assim, a inteligência permeia todo o corpo físico. Embora órgãos específicos como o cérebro possuam seus propósitos e suas especialidades funcionais individuais, o corpo como um todo é um holograma microcósmico que processa e memoriza a experiência da nossa personalidade humana.

Desse modo, memória, emoções e percepção são incorporadas em níveis celulares. E, embora o cérebro seja o principal processador do nosso ego consciente, outros planos de consciência, inclusive as reações e padrões habituais do subconsciente, se dispõem por todo o corpo.

O corpo holográfico

Parece que já ficou claro que nosso molde energético superior, nosso biocampo, se transfere para a forma física de campos eletromagnéticos coerentes.

Nos últimos estágios de um embrião humano, assim como ocorre com todos os organismos biológicos, cada gene do DNA está completamente ativo e cada célula é igual às outras. Essas células primárias, ou células-tronco, começam, então, a formar três camadas rudimentares de tecido, ou membranas — as telas de projeção da nossa consciência holográfica.

Conforme o organismo vai se desenvolvendo, alguns dos genes disponíveis começam a se desativar e as novas células se especificam. A membrana interna, ou endoderma, dá origem às glândulas e vísceras; a membrana intermediária, ou mesoderma, se transforma em ossos, músculos e sistema circulatório; e a externa, ou ectoderma, transforma-se em pele, órgãos dos sentidos e sistema nervoso.

Após nove meses, nasce o holograma microcósmico, o recipiente para a jornada da nossa alma em sua vida atual.

Mente integral

Descrever consciência e matéria como separadas é tão sem sentido quanto falar das ondas do oceano fora do próprio oceano. A mente é integral, com níveis diferentes de percepção comparáveis às freqüências das energias eletromagnéticas. Por exemplo, embora as ondas de rádio vibrem em freqüências mais baixas que as da luz visível, que por sua vez vibram em freqüências mais baixas que os raios X, tudo faz parte de um espectro contínuo.

O mesmo que ocorre no espectro eletromagnético, em que as diferentes freqüências possuem diferentes atributos, dá-se com nossa mente integrada. Essencialmente, nossa percepção subconsciente vibra em freqüências diferentes da consciência em vigília — nosso ego mental. E também estamos naturalmente conectados a muitos outros planos de consciência superiores aos que delineiam nossa personalidade.

No entanto, o propósito do nosso ego-*self* é incorporar uma personalidade e experimentar a criatividade da jornada humana. Assim, como um ator que incorpora seu personagem numa peça, o papel do ego mental é nos fazer imergir totalmente na realidade da vida física. Para tanto, ele percebe seu ser individual como separado do mundo.

Nosso coração sabe tudo. Enquanto a função do ego mental é separar, o papel do coração, dos sentimentos, é unir.

Por fim, o papel da vontade é reconciliar essas duas influências paternais e mesclá-las com a criatividade e o aprendizado, que são a nossa experiência humana.

O palco da vida

Os metafísicos concordam que a realidade física nos oferece as maiores e mais desafiadoras oportunidades para explorar as polaridades cósmicas da luz e da sombra, do masculino e do feminino, do amor e do medo e, finalmente, de acolher sua resolução.

Ela também já foi comparada a um palco. Como proclamou Shakespeare em *As You Like It*: "O mundo é um palco e todos os homens e mulheres, meros atores..."

De fato, talvez percebamos que, essencialmente, somos atores no palco da vida. E assim como os atores se despem de seus personagens e vão para casa no fim de suas apresentações, nós fazemos o mesmo. Para a grande maioria, o método de funcionamento do ego-*self* significa que só fazemos isso no fim da vida — ou, na verdade, após. Mas, durante a vida, podemos escolher ver além da jornada física e compreender quem *realmente* somos e assim chegar a conclusão de que nessa peça somos o co-autor.

Embora essa tenha sido a busca dos peregrinos espirituais desde os tempos imemoriais, individual e coletivamente estamos vivendo numa época em que tal percepção está disponível a todos. Hoje somos capazes de expandir a consciência além das limitações do ego-*self* e nos oferecer a oportunidade de incorporar nosso propósito mais elevado.

Crer para ver

Geralmente o ego-*self* é culturalmente condicionado. Portanto, não só atua de acordo com a visão de mundo e crenças prevalecentes, mas é, literalmente, incapaz de ver o que não consegue imaginar. Essencialmente, não há ressonância nessa base e, portanto, o ego-*self* não tem como sintonizar-se com fenômenos novos e efetivamente inimagináveis.

Esse fato foi demonstrado há alguns anos num teste de percepção realizado pela Universidade de Illinois. Os voluntários da pesquisa assistiram a um vídeo de uma partida de basquete em que uma mulher fantasiada de gorila atravessava a quadra durante o jogo. Ao serem questionados, no final da exibição, se haviam percebido alguma coisa incomum durante o jogo, a maioria dos voluntários afirmou não ter notado a aparição inesperada do gorila.

Entretanto, quando o ego-*self* consegue imaginar um fenômeno e acreditar nele ou, pelo menos, consegue se abrir à sua realidade, somos capazes de experimentar de modo direto e essencialmente co-criar aquela realidade.

Percebemos agora que o velho adágio "ver para crer" está invertido, pois na verdade é "crer para ver".

No Capítulo 1, observamos que as pesquisas da recém-denominada "Nova Biologia" estão atestando que nossas percepções afetam diretamente nossa biologia nos planos consciente e subconsciente. Discutimos o modelo emergente da membrana celular como um processador orgânico de informação dinamicamente interligado com o meio ambiente. E também como o comportamento e as condições internas da célula refletem o reconhecimento de estímulos ambientais — físicos *e* energéticos.

Mas tal percepção pode estar distorcida, apenas parcialmente compreendida ou até mesmo totalmente incorreta. Ela representa nossas convicções sobre a realidade, e não a realidade propriamente dita. Portanto, o processamento dos pensamentos e as emoções, sejam "verdadeiros" ou não, influenciam o comportamento das células. Da mesma forma, nossas convicções mentais e emocionais — nos planos consciente e subliminar — são capazes de influenciar nosso corpo físico, guiando nossa saúde ou doença para determinada direção.

As crenças a nosso respeito que desenvolvemos durante os anos de formação são especialmente poderosas para imprimir padrões subconscientes e habituais de comportamento. Esses padrões podem limitar ou arruinar vidas inteiras, a menos que se procure compreendê-los e curá-los.

Amor, alegria e gratidão

Não é somente nosso modo de pensar e agir, mas também o de sentir que nos torna quem somos. Nosso ego mental nos convence de nossa individualidade, mas nosso coração relembra que, em última instância, somos todos um. Se permitirmos, nosso coração nos unirá.

Contudo, isso só será possível se ele estiver aberto. Muitos de nós, inclusive eu mesma, durante grande parte da juventude, somos convencidos pela mente de que a dor dos traumas emocionais só cessará se pararmos de senti-la. Aos 20 anos, eu fechei meu coração. Achava que aquilo seria meu refúgio, mas acabou sendo uma prisão. Levei 25 anos para derrubar as paredes da prisão que eu mesma construí.

Mais adiante, vamos explorar as razões que nos levam a agir dessa forma e também como identificar e dissolver essas marcas traumáticas.

Os biólogos já reconheceram que o coração possui seu próprio sistema nervoso e que, entre ele e o cérebro, existe um sistema de comunicação.

Na verdade, quando estamos nos desenvolvendo no útero materno, o coração começa a bater antes mesmo de o cérebro se formar. Além disso, é a parte do cérebro relacionada às emoções que se desenvolve primeiro, e só depois a parte "pensante" aparece.

O papel principal do coração afeta significativamente o modo como interagimos com o mundo. Pesquisas demonstram que o sucesso na vida, levando-se em consideração critérios materiais e a qualidade da nossa experiência, parece depender muito mais da capacidade de desenvolver a inteligência emocional que das proezas intelectuais.

Outros estudos demonstram que, independentemente das oportunidades educacionais, nosso intelecto é relativamente fixo desde a infância. Nossa inteligência emocional, contudo, pode se desenvolver durante toda a vida, contanto que estejamos preparados para "viver e aprender".

Nosso bem-estar emocional também tem influência significativa sobre a saúde física e a longevidade. Por mais de 15 anos, pesquisas sobre o estresse, realizadas pelo HeartMath Institute, na Califórnia, acumularam descobertas experimentais que demonstram de modo conclusivo que emoções negativas como insegurança, raiva e medo desequilibram o sistema nervoso, provocando ritmos cardíacos irregulares e desordenados. Emoções positivas de amor, alegria e gratidão criam sinais coerentes de energia que aumentam a ordem, reduzem o estresse, trazem equilíbrio ao sistema nervoso e se refletem em ritmos harmoniosos para o nosso coração.

Sensitivos, paranormais e rabdomantes também possuem um grande número de casos e estudos que atestam as mesmas descobertas. Além disso, agora existem provas científicas substanciais sinalizando que, quando realçamos nossa inteligência emocional e invocamos a sabedoria intuitiva do nosso coração, enviamos sinais energéticos a cada célula do organismo, restaurando o equilíbrio e o bem-estar.

Sexto e sétimo sentidos

Nossa mente, nossas emoções e nosso corpo físico essencialmente "vêem" segundo nossas crenças a respeito do mundo que nos cerca e a respeito de nós mesmos, mas pesquisas relacionadas à consciência provam que também possuímos modos adicionais de "ver", que nosso ego mental geralmente prefere ignorar.

No Capítulo 1, apresentamos o fenômeno da não-localidade, a comunicação espontânea que transcende o espaço-tempo. Não só os físicos comprovaram essa realidade nos planos quânticos, como também os pesquisadores que investigam a consciência humana revelaram que nós possuímos uma capacidade inata de perceber e influenciar os eventos não-localmente ou "a distância".

Experiências demonstraram que tanto os humanos quanto os animais são capazes de detectar sinais ambientais e influências eletromagnéticas bastante sutis que até então não haviam sido percebidas. Geralmente, eles costumam nos afetar num plano subliminar e agora estão sendo reconhecidos como contribuintes do que nós chamamos de "sexto sentido".

Entretanto, precisamos diferenciar essa sensibilidade às influências, que ainda somos capazes de captar num plano sensorial, das percepções verdadeiramente não locais do nosso "sétimo sentido". E embora a teoria evolutiva tradicional tenha sugerido uma conexão benéfica entre sexto sentido e sobrevivência e, portanto, uma boa razão para sua evolução, não existe explicação, a não ser a primazia da consciência, para o sétimo.

Influência "a distância"

A investigação da percepção não local, como é o caso da telepatia, através do espaço e do tempo, tem sido o assunto prioritário das pesquisas sobre a consciência nas últimas três décadas. Até 1995, havia provas suficientes para que o Congresso norte-americano requisitasse ao American Institutes for Research (AIR) a revisão dos estudos financiados pelo governo sobre fenômenos paranormais, ou psi, como clarividência, comissionados pela CIA.

O relatório do AIR afirmava claramente que os dados estatísticos do experimento haviam extrapolado a margem de mera casualidade. Após revisar a integridade dos protocolos experimentais, eles refutaram a possibilidade de que tivesse ocorrido alguma falha nos métodos utilizados e também confirmaram que o experimento havia sido testado numa série de laboratórios em todo o mundo. Concluíram que a realidade dos fenômenos estava provada. A recomendação foi que, em vez de continuar as experiências para meramente oferecer mais provas da existência da paranormalidade, os experimentos futuros deveriam se concentrar na compreensão do funcionamento dos fenômenos e no desenvolvimento de aplicações práticas.

Enquanto no Ocidente a pesquisa parapsíquica sofreu um recuo significativo em razão das atitudes conservadoras da maioria das instituições e dos cientistas, tais limitações não foram impostas em outros lugares. Na Rússia, por exemplo, a Universidade Estadual de Moscou e de São Petersburgo, além das Academias Russa e Ucraniana de Ciências, há muito apóiam tais investigações.

Nos últimos anos, contudo, um número crescente de universidades e instituições ocidentais tem apoiado a pesquisa parapsíquica e já existem departamentos bem montados de parapsicologia no Reino Unido, incluindo a Koestler Parapsychology Unit (KPU), na University of Edinburgh, o Centre for the Study of Anomalous Psychological Processes (CSA-PP), na University College, Northampton, e o Mind-Matter Unification Project, chefiado pelo prêmio Nobel, Brian Josephson, no Cavendish Laboratory da Cambridge University.

Nos Estados Unidos, o Consciousness Research Laboratory (CRL), na University of Nevada, o PEAR Laboratory, na Princeton University e o Department of Psychology, da University of Arizona, são pioneiros em tais estudos. Uma série de outras organizações, inclusive o Institute of Noetic Sciences, em São Francisco, fundado pelo ex-astronauta Edgar Mitchell, o Rhine Research Center, na Carolina do Norte, e o Boundary Institute, na Califórnia, também continuam se dedicando a essas pesquisas de ponta.

Percepção e influência

Os fenômenos paranormais, ou psi, são geralmente classificados entre aqueles que envolvem percepção passiva e aqueles que incorporam influência ativa.

A percepção passiva não local inclui a clarividência de lugares distantes, em que a pessoa consegue sintonizar com circunstâncias ou acontecimentos em andamento em outra localidade ou até outro tempo. Inversamente, a influência ativa "a distância" se encontra em fenômenos como o da telepatia, em que uma pessoa pode comunicar-se mentalmente com outra, e na capacidade de afetar o resultado de acontecimentos aparentemente casuais.

Em meu livro *The Wave* descrevo em detalhes os experimentos que convencem cada vez mais pessoas de que os fenômenos paranormais são reais e que correspondem a um aspecto inato à nossa natureza. Aqui enfocaremos uma série de descobertas com implicações importantes para o modo de co-criarmos nossa realidade.

Nossa percepção normal costuma ocupar-se com o processamento da percepção do mundo externo captada pelos cinco sentidos, especialmente pela visão e pela audição. Assim, as mensagens mais silenciosas do nosso sexto sentido e a percepção não local do sétimo costumam ser abafadas pelo ruído a nossa volta.

Para reduzir esse "ruído" e, assim, acentuar nossa sensibilidade paranormal, há milênios as tradições espirituais buscam paz e quietude exterior combinadas com estados alterados de consciência, envolvendo uma mente alerta e receptiva. Para investigar o efeito psi, os pesquisadores desenvolveram técnicas semelhantes à privação sensorial, denominadas *Ganzfeld,* palavra alemã que significa "campo integral", que induzem a tais estados. Esses experimentos confirmaram o benefício das condições descritas para aprimorar a receptividade parapsíquica.

Investigações sobre a percepção passiva nas décadas de 1970 e 1980 demonstraram que apenas uma pequena porcentagem dos voluntários testados apresentava aptidão consistente e que nem treinamento nem prática pareciam melhorar de modo significativo o desempenho dos outros. Inversamente, os experimentos com os fenômenos paranormais ativos, como telepatia, demonstraram que prática e *feedback* melhoravam o futuro desempenho da pessoa.

Portanto, embora uma vasta série de experiências demonstre que nossa capacidade de transmitir e receber informações não locais é inata, a ocorrência de percepções parapsíquicas ultra-sensíveis, pelo menos na atualidade, é relativamente rara.

Contudo, como os experimentos telepáticos confirmaram, o *feedback* que estimula nosso ego mental a relaxar e aceitar a validade de tais percepções também nos ajuda a melhorar a capacidade consciente de desenvolvê-las. Pesquisas em andamento estão atualizando e aperfeiçoando os meios pelos quais os potenciais parapsíquicos podem ser nutridos e expandidos. Além das organizações já mencionadas, um número crescente de instituições, como o College of Psychic Studies, em Londres, oferece cursos que treinam o desenvolvimento das percepções parapsíquica e intuitiva.

Os experimentos que estudamos até agora analisaram a percepção passiva "a distância" e a influência ativa entre os indivíduos. Mas, como já vimos, o princípio holográfico descreve um Cosmos totalmente interligado a todas as escalas da existência. Portanto, qual é a evidência da nossa influência coletiva?

Reações coletivas

Nos últimos 15 anos, experiências comprovaram que em momentos de alta concentração coletiva, tanto no plano consciente quanto no inconsciente, um grupo é capaz de modificar o resultado dos acontecimentos.

O Global Consciousness Project é um trabalho que teve início em 1998 e envolve mais de 70 pesquisadores em todo o mundo. O objetivo desse projeto é estudar a influência da consciência humana coletiva em eventos importantes por meio de reações compartilhadas em grande escala. Essa influência provou ser significativa em eventos que invocam uma reação compartilhada intensa e coerente num momento específico ou durante um período relativamente curto, como foram os casos do 11 de Setembro de 2001, em Nova York e Washington, e do funeral do papa João Paulo II, em 8 de abril de 2005.

Supondo que o nível de influência aumente com intensidade coerente, tal como uma efusão de compaixão num momento ou evento específico, então é provável que um acontecimento que provoque reações variadas ou variáveis, ou que ocorra durante um período extenso de tempo, reduza o nível de coerência e, assim, o nível correspondente de influência. Isto foi observado pelos pesquisadores na reação ao tsunami, de 26 de dezembro de 2004. A influência não local foi fraca, mas o fato de que a extensão estarrecedora do desastre só ficou aparente no decorrer de alguns dias pode ter sido a causa do reduzido impacto não local.

Cura não local

Outra série de estudos busca investigar o fenômeno da cura a distância, que já foi relacionada à remissão espontânea de doenças, ao alívio da dor e à recuperação acelerada de muitos pacientes em todo o mundo.

Para os cientistas, é muito difícil avaliar tais estudos, em razão do grande número de variáveis associadas. No entanto, as provas acumuladas durante anos por pesquisadores, como o psicólogo William Braud e a antropóloga Marilyn Schlitz, definiram de modo conclusivo que as pessoas são capazes de influenciar conscientemente o sistema nervoso de participantes que estão distantes e afetar sua pressão arterial, reação muscular e condutividade cutânea.

Um relato constante em tais estudos liga a eficácia da cura à postura dos terapeutas, que devem se manter abertos a um poder superior, operando por seu intermédio, embora as crenças e tradições espirituais de cada terapeuta ou curandeiro pareçam ser irrelevantes. Uma exigência fundamental é que esses profissionais não se prendam ao resultado de sua influência na cura. Talvez a mensagem para eles seja: "Deixe o ego de lado e Deus no ato."

Co-criação

Todos esses experimentos demonstram não só nossa capacidade de perceber em planos espaciais e temporais não locais, mas de influenciar acontecimentos aparentemente fortuitos. Seus resultados cumulativos estão inegavelmente muito além do acaso e demonstram o que as tradições metafísicas sempre afirmaram — que individual e coletivamente somos co-criadores da nossa realidade.

Em termos científicos, a ressonância da nossa atenção e intenção — como também da nossa padronização subconsciente — faz com que o campo quântico das possibilidades de ondas livres se harmonize em ondas coerentes estacionárias de materialidade real-izada.

Além disso, como veremos, quanto mais elevada nossa percepção vibracional, mais concentrada nossa atenção e mais coerente nossa intenção, maior será nosso poder de co-criar conscientemente saúde e bem-estar sustentados.

Ego

Durante as horas de vigília, costumamos perceber a autoconsciência que chamamos de ego. É esse *self* que parece separado dos outros — possui uma personalidade definida, uma história humana e uma herança e afiliação cultural.

Tanto no plano consciente como no subconsciente, estamos continuamente interpretando a comunicação sensorial do nosso corpo e a interação com o ambiente externo. É, principalmente, de tal percepção que nossa psique tira seu senso de individualidade material e contínuo senso de ego-*self*. No entanto, todas essas informações sensoriais são filtradas pelas lentes do condicionamento cultural e definidas pela personalidade individual. O mesmo ocorre com nossa mente consciente e nossos padrões subconscientes habituais, que prejulgam a possibilidade de uma consciência não local e de efeito psi, delineando assim o que consideramos "real". Nos estados alterados de consciência, em que as distrações e limitações sensoriais da percepção consciente relaxam, a mente consegue expandir e explorar esses planos não locais e outros níveis de percepção e abandonar seu apego aos estreitos confins do ego.

Coerência

A coerência é essencial para o fenômeno da não-localidade. No plano quântico, as conexões não locais entre partículas "gêmeas" ou emaranhadas, que se comportam como uma entidade única através do espaço *e* do tempo, são geradas numa série de formas. Mas cada técnica requer crucialmente a coerência dos padrões originários de energia.

Um método eleva um grupo de átomos a um nível idêntico de excitação energética. Ao retornar ao seu estado naturalmente estável, os átomos liberam energia coerente na forma de partículas gêmeas. Outra técnica envolve o uso de lasers para criar tais pares emaranhados.

Da mesma forma, quando nossa psique está coerentemente sintonizada em algum plano de percepção, nós também conseguimos perceber e exercer influência sobre aquele plano que transcende o espaço e o tempo. Para a maioria das pessoas, o filtro do ego mental tende a se fechar para a possibilidade desses fenômenos. Contudo, quando nos abrimos para a possibilidade de tal percepção, o controle acirrado do nosso ego mental se afrouxa e conseguimos acessar a compreensão no plano da consciência totalmente desperta ou no estado alerta de um leve transe. Embora algumas pessoas já nasçam com esse dom, todos nós temos a capacidade de perceber não localmente.

E não poderia ser de outra forma, pois essa é nossa verdadeira natureza!

Sintonia

Dada a ressonância subjacente em todo o Cosmos holográfico, não é de surpreender que os experimentos paranormais demonstrem que quando estamos em coerência — sintonizados ou no mesmo comprimento de onda energético de outra coisa ou pessoa —, nossa capacidade de perceber e de comunicar "a distância" aumenta de modo significativo.

É como a diferença entre ligar um rádio fora de sintonia e escutar só um "chiado" — que na verdade é a estática, o som de fundo do espaço sideral — e efetivamente sintonizá-lo numa estação específica, sendo então capaz de ouvir o programa transmitido.

Cada um de nós transmite e recebe continuamente — só que a maioria não está ciente disso. Nosso potencial para sintonizar com o Cosmos, seja para elevar a consciência, para nos solidarizar com outros, para encontrar as chaves perdidas ou para descobrir água subterrânea, é um aspecto da nossa natureza. E quanto mais praticarmos, maior será nossa capacidade de sintonização.

Caso alguém esteja aberto à possibilidade de acessar conscientemente a própria percepção não local, há três requisitos que ajudam a maioria das pessoas: um corpo relaxado, uma mente aberta e um coração pacífico.

Como o método *Ganzfeld* demonstrou, nosso potencial psi se acentua quando estamos tranqüilos, interna e externamente, e nossa percepção não está sendo bombardeada pela miríade de sensações e sinais ambientais do cotidiano.

Nem todos têm acesso a tais condições de quietude, mas o objetivo é estar relaxado e ainda assim aberto e alerta, num estado levemente meditativo. Portanto, uma sala silenciosa, um assento confortável e a penumbra auxiliam a maioria das pessoas. Uma poltrona muito confortável, entretanto, é capaz de nos fazer dormir! Uma cadeira costuma ser a melhor opção, pois nos possibilita permanecer com a cabeça, o pescoço e as costas eretos, as mãos descansando sobre as pernas e os pés plantados em equilíbrio no chão.

Tentar uma sintonia quando estamos emocionalmente perturbados costuma ser muito difícil. Portanto, antes de iniciar a sessão, procure acalmar-se. Se você estiver aborrecido, há um exercício respiratório na página 267 que poderá lhe ser útil.

Para a maioria das pessoas, a coisa mais difícil é aquietar o que os iniciados iogues da antiga Índia chamavam de "mente-macaco" — o modo insistente com que nossa consciência egóica em vigília corre para aqui e ali num diálogo interno contínuo, fomentando idéias, criticando e processando as experiências do cotidiano. Aqui, também, a maioria das tradicões espirituais enfatiza as técnicas respiratórias como as oferecidas neste livro. Pessoalmente, o que achei mais útil não foi tentar negar os pensamentos da mente-macaco à medida que eles iam surgindo, nem julgá-los ou suprimi-los a força, mas deixá-los fluir à vontade, concentrando-me na respiração.

Como em todas as técnicas, quanto mais se pratica, mais fácil o acesso. Mas não conheço ninguém, e não importa há quanto tempo esteja engajado nessa prática, que não sinta as contínuas travessuras da mente-macaco, portanto, não permita que isso o incomode.

Modos de percepção

A percepção a distância, como já vimos, é tanto passiva quanto ativa. Podemos sintonizá-la com o objetivo de receber informações, como é o caso da clarividência, ou podemos participar de modo mais ativo nos comunicando telepaticamente, por exemplo, para curar os outros ou oferecer nossas preces.

Nos dois modos de percepção, ativo ou passivo, cada um de nós possui meios diferentes e preferidos de percepção. Uns visualizam num plano interior. Há também aqueles que sentem alguma coisa. Outros podem ouvir sons ou sentir aromas. Algumas pessoas ocupadas são capazes de realizar múltiplas tarefas e captar psiquicamente em todos esses planos. E, às vezes, simplesmente sabemos! Nenhum modo é melhor do que o outro — apenas são mais ou menos eficazes para nós.

Às vezes, com a prática, não só nosso modo de percepção melhora, como também começamos a perceber por outros meios. Por exemplo, se as impressões são nosso principal modo de percepção não local, podemos começar a visualizar também e vice-versa.

Essas sintonias mais elevadas levam algum tempo e requerem esforço para serem alcançadas, e, assim como em outras técnicas, a dedicação à prática resultará mais rapidamente em desenvolvimento. O progresso do nosso alinhamento espiritual também caminha de mãos dadas com nosso compromisso de uma jornada interior de iluminação, cura e crescimento.

Crer para ver

Como já vimos, nossos corpos são hologramas microcósmicos, recipientes para que nossa consciência integral explore o que significa ser humano. Assim, nosso ego mental, nossas emoções e nosso corpo "vêem" o que acreditamos sobre nós mesmos e o restante do mundo. Mas mesmo que nosso condicionamento cultural seja de tal ordem que imponha ao ego mental uma visão de mundo puramente materialista, o coração e o corpo sabem de tudo.

Vimos como nossa percepção é intrinsecamente não local e que, finalmente, a ciência também está reconhecendo a realidade dos fenômenos psi, como telepatia e cura a distância. Quando nossa percepção se expande, individual e coletivamente, começamos a ver o Cosmos mais claramente e a acessar nosso oitavo e mais elevado chacra. Já iniciamos nossa jornada rumo à totalidade.

No próximo capítulo, veremos como a oitava formada pelos oito princípios cósmicos possibilita à consciência explorar sua expressão sempre criativa e vamos também nos aprofundar na natureza do tempo e explorar o que significa livre-arbítrio e destino.

CAPÍTULO 4

Princípios cósmicos

O UNIVERSO HOLOGRÁFICO É FORMADO DE modo primoroso para permitir que a consciência se expresse por meio de uma percepção baseada na polaridade e chegue, finalmente, a uma resolução. E como tudo no universo se relaciona, aquilo que vivenciamos no mundo físico se baseia nessa real-atividade.

A personalidade do ego-*self* também está continuamente explorando as relações entre nossos pensamentos, sentimentos e sentidos. Sua dinâmica, eternamente mutável, forma a dança criativa das nossas experiências interiores. E nos relacionamentos com os outros e com o mundo, o microcosmo do nosso eu interior ressoa holograficamente em escalas cada vez maiores de co-criação coletiva.

Espaço e tempo

Como já vimos, a ciência compreende a natureza fundamental do espaço-tempo como, essencialmente, um DVD universal. Estima-se que todos os pontos do espaço-tempo coexistam e que a percepção do fluxo do tempo e do desenrolar dos acontecimentos seja pura criação da nossa mente.

Podemos, então, comparar nossa consciência a um aparelho cósmico de DVD que, por meio de nossa atenção e intenção coerentes, consegue expressar e guardar a diversidade das nossas experiências individuais e coletivas do que denominamos "mundo físico".

Sentir o fluxo do tempo e a direção da sua flecha universal é essencial para as experiências no mundo físico — para as escolhas e o desenrolar de suas implicações. Contudo, nossa percepção não local transcende as fronteiras do espaço-tempo, embora pareça fazê-lo com certas limitações, que podem deter a chave para uma compreensão mais profunda do tempo e de seu propósito.

Criação no Agora

Para compreender o universo holográfico, precisamos perceber a intenção metafísica por trás de sua criação. No holograma, um raio coerente de luz se divide em dois e é recombinado para formar uma imagem holográfica. No universo, parece que é um raio de intenção coerente de consciência que se divide em dois. Um dos raios incorpora a totalidade do que chamamos de passado e o outro, a intenção em andamento da consciência que forma o futuro. Eles se encontram no momento presente que chamamos Agora. Desse modo, é só no Agora que o universo holográfico é de fato criado.

A estrutura fundamental do espaço-tempo — passado, presente e futuro — existe em sua totalidade, como afirmam os físicos. Mas as informações relativas ao acúmulo de todos os eventos que chamamos de "passado" parecem estar impressas no que os antigos sábios chamavam de "registro akáshico" e no que os cosmólogos se referem como "campo de ponto zero". Nesse modelo, os acontecimentos futuros fluem em nossa direção a partir das intenções mais elevadas da consciência mediadas pelo segundo raio holográfico. Essencialmente, o futuro ainda não está de todo formado, sendo co-criado a cada momento.

A consciência não local parece confirmar essa visão emergente do mundo físico. E, como discutido em *The Wave*, experimentos mostram que realmente somos capazes de prever o futuro. Esse tipo de percepção também sugere que o futuro continua a se cristalizar até se tornar o Agora co-criado. Desse modo, se acessarmos o registro akáshico, conseguiremos ter uma percepção não local do passado mais completa do que de um "futuro" ainda em formação.

O foco, ou coerência, da intenção consciente é o meio pelo qual as ondas de probabilidade do campo quântico se manifestam e se concretizam nas ondas estacionárias de resultados específicos — a energia/matéria que chamamos de realidade física. Portanto, quando percebemos o "futuro" durante a precognição, estamos na verdade ficando mais conscientes das vibrações energéticas mais sutis da intenção propulsora. Se realmente é isso, nós não percebemos o resultado da intenção num ponto "futuro" do espaço-tempo, mas o molde ainda não materializado de nossa intenção individual e coletiva conforme ela flui rumo ao Agora do presente.

É importante considerar aqui que não é apenas nossa mente consciente, outros níveis da nossa percepção também engendram atenção e intenção e, portanto, cristalizam o futuro.

Isso traz implicações significativas para nossa compreensão de destino e livre-arbítrio.

Destino e livre-arbítrio

A ciência se debate com os conceitos de destino e livre-arbítrio. As implicações contidas no conceito de que o espaço-tempo existe simultaneamente parecem oferecer uma única interpretação: o livre-arbítrio é ilusório, e somos essencialmente autômatos que nada podem senão cumprir seu destino. Textos deixados por todas as antigas tradições também enfatizam o poder do destino e nossa incapacidade de evitá-lo. Mesmo assim, ao fazermos nossas escolhas, temos a impressão de que elas são baseadas no nosso livre-arbítrio — embora eu sinta que meu próprio livre-arbítrio parece estar ausente, quando vejo um prato de biscoitos de chocolate!

Como solucionar esse paradoxo?

O modelo holográfico do universo, com a primazia da consciência integrada, pode nos oferecer um meio não só de reconciliar ciência e espírito, mas esse antigo paradoxo entre destino e livre-arbítrio.

Como continuaremos a explorar nos próximos capítulos, nossa consciência individualizada é infinitamente maior que a limitada percepção do nosso ego-*self*. E nessa visão integrada de nós mesmos fazemos escolhas em diversos planos de percepção. Portanto, muitas das experiências do nosso ego-*self* podem realmente ser fruto do destino, tendo sido escolhidas pelo livre-arbítrio em outros planos de consciência. Contudo, outras experiências são oriundas das escolhas do livre-arbítrio feitas pela percepção do ego-*self*.

Essa concepção está de acordo com tradições espirituais que há muito tempo afirmam que a alma escolhe as circunstâncias do nosso nascimento e da nossa vida, a fim de que possamos passar por experiências e aprender com as lições da vida. Tal intenção e escolha claramente não se dão no plano de percepção do ego-*self*, mas num plano mais elevado da nossa consciência.

Escolhas superiores

Ao começar a avaliar isso — e reconhecer que todas essas escolhas cabem essencialmente a nós mesmos —, e já estamos ganhando poder para dar outro grande salto na nossa jornada da descoberta de quem realmente somos.

Reconhecendo que as implicações de nossas escolhas superiores são, em essência, nosso destino, podemos então escolher, no plano do ego-*self*, ficar em alinhamento e harmonia com elas e com o fluxo maior do Cosmos — ou não.

O desafio atual que se impõe a cada um de nós é que o *self* superior não precisa passar física, mental ou emocionalmente pelos desafios e traumas aos quais ele essencialmente nos entregou. Podemos nos repreender por isso e nos zangar com as circunstâncias de nossa vida ou podemos escolher a percepção de que nosso ego-*self* e *self* superior — e, de fato, todos os planos da nossa consciência individuada — formam nossa alma e que, no fim das contas, tudo por que passamos é para o bem maior da evolução da nossa alma.

Há um velho ditado que diz: "Antes da iluminação, carregue água, rache lenha; após a iluminação, carregue água, rache lenha." Ou seja, após o reconhecimento das grandes verdades e percepções trazidas pela iluminação, as circunstâncias da vida que escolhemos não mudam necessariamente. Nossa atitude e percepção, contudo, se transformam.

Em nossa contínua jornada por *O oitavo chacra* ainda vamos carregar água e rachar lenha, mas como companheiros de viagem aprenderemos o modo de permanecer em harmonia crescente com o Cosmos, em vez de tentar represar ou desviar seu curso.

Fluxo cósmico

O fluxo cósmico compreende ondas de experiência em que podemos escolher ser os surfistas cósmicos — ou não.

Lembro-me de certa vez, na ilha de Maui, ficar observando uns praticantes de *windsurf* navegando sobre as ondas do Pacífico como libélulas deslizando sobre um lago. Olhando extasiada, eu podia sentir a alegria e a liberdade dos esportistas flutuando em perfeito equilíbrio entre o mar e o céu. Presente em cada momento, eu sentia sua comunhão à medida que cada onda surgia, chegava ao ápice e caía.

Nesta época significativa, somos todos surfistas, individual e coletivamente, deslizando sobre uma grande onda de mudanças. Como os windsurfistas de Maui, podemos escolher ser flexíveis e responder às nuanças das ondas de nossa vida pessoal e àquelas da grande onda que todos navegamos quando estamos conscientemente em harmonia com as circunstâncias e com o ritmo dos acontecimentos.

A outra alternativa é fingir que as ondas não existem ou que não têm relevância para nós.

Mas elas existem e têm relevância para nós sim.

Há um aspecto no ritmo dos acontecimentos que nos proporciona um sinal garantido de que realmente estamos no fluxo cósmico: a sincronicidade.

O psicólogo Carl Jung cunhou esse termo, que significa uma conjunção de acontecimentos sem causa aparente, mas que são significativos aos que os experenciam. O próprio Jung vivenciou tal sincronicidade ao tratar uma paciente que, num momento crítico do tratamento, sonhou que recebia um escaravelho dourado. Na sessão seguinte, exatamente quando ela relatava seu sonho, Jung ouviu uma batida na janela atrás dele. Ao se virar e abrir a janela, ele percebeu um escaravelho que então voou, contrariando seus hábitos, para dentro do consultório.

Até então, o tratamento de Jung tinha sido efetivamente bloqueado pela falta de vontade demonstrada pela paciente em modificar sua perspectiva racional da vida. O escaravelho, que para os antigos egípcios era um símbolo de renascimento, ofereceu tanto para Jung quanto para a paciente uma percepção transformadora.

Estando abertos à possibilidade de tais sincronicidades, nós deixamos que a magia mais profunda e a verdade mais elevada sejam bem-vindas em nossas vidas.

Aguarde milagres!

Oito princípios cósmicos

Há uma oitava, um grupo óctuplo de princípios, que, em suas diversas expressões, por toda a história e em todas as culturas, forma a base da sabedoria universal. Juntos, esses princípios podem ser percebidos como guias da co-criatividade de toda a experiência. Representam a harmonia fundamental com que a consciência se expressa.

A influência desses princípios ressoa harmonicamente não só no plano físico, mas nos domínios da mente, da emoção e do espírito. Assim, não são meramente de natureza universal, mas cósmica.

Ao entender esses princípios cósmicos, tomamos ciência dos meios subjacentes com que a consciência explora a si mesma e, então, acabamos percebendo como o Cosmos em sua totalidade é, no fim das contas, co-criado.

Relatividade

O primeiro princípio da oitava cósmica é o *princípio da relatividade* — real-atividade, talvez mais bem representada pelos antigos atributos chineses do yin e do yang. Essas justaposições permeiam o Cosmos. Inato em cada um está a semente do parceiro e no encontro e equilíbrio deles o terceiro e crucial aspecto da criação acha sua expressão.

> Pare por uns minutos e descubra por si mesmo a natureza tripla subjacente do universo e desse princípio cósmico da real-atividade.
>
> - Numa folha de papel desenhe três colunas verticais e, em apenas um minuto, escreva na primeira coluna uma lista de quaisquer atributos do mundo físico que lhe venham à cabeça.
>
> - Agora, na última coluna, escreva o oposto de cada atributo. Se, por exemplo, na primeira você escreveu "branco", escreva seu oposto, "preto", na coluna final.
>
> - Finalmente, faça uma pequena pausa e escreva na coluna central qualquer palavra que lhe venha à cabeça para descrever a resolução ou equilíbrio entre os dois opostos. Se, por exemplo, você escreveu, "dia" e "noite", poderá escolher "alvorada" ou "poente" para expressar seu equilíbrio.
>
> Eu ficaria extremamente surpresa se no fim desse pequeno exercício você não tivesse encontrado um ponto de equilíbrio ou resolução entre cada um dos pares de opostos na página.

"Dualidade" é uma palavra de uso comum para descrever tais justaposições e opostos. Mas a essência da dualidade é justamente ver tais opostos como entidades separadas e isoladas.

Outra palavra para tal oposição é "polaridade". Embora originalmente o termo tenha sido usado para descrever os pólos norte e sul de um ímã, o uso se estendeu para descrever a divisão fundamental da consciência na miríade de justaposições do yin e do yang em todo o mundo.

Se a "dualidade" descreve dois estranhos lado a lado sem se tocar, a "polaridade" os estimula a pelo menos se darem as mãos. Embora ainda permaneça a idéia de que, como os dois pólos de um ímã, mesmo que tais polaridades possam se equilibrar mutuamente, elas jamais poderão se encontrar.

No entanto, ao descrever sua ação recíproca como expressão de sua relação inerente — ou relatividade —, em vez de "polaridade" ou "dualidade", conseguimos perceber a dança inata entre elas. E é por meio de sua real-atividade — e com seu equilíbrio e resolução essenciais — que o mundo é real-izado e nós somos re-soularizados.

Resolução

Como discutiremos nos próximos capítulos, ao encarnarmos na forma física como homem ou mulher, incorporamos *ambos* os aspectos, masculino (yang) e feminino (yin), no plano emocional, mental e nos níveis mais elevados de vibração. Esse relacionamento representa um aspecto crucial na nossa jornada rumo à totalidade.

Os antigos sábios perceberam que, essencialmente, todos os opostos podiam ser resolvidos. Perceberam a criatividade de sua comunhão como incorporada no nascimento de uma "criança" física, metafórica ou simbólica. Entretanto, essa "criança", expressão da trindade, não é o produto energético do "masculino" e do "feminino". Não é posterior nem inferior, mas igual a eles e um aspecto intrínseco da totalidade.

Reconciliação

O triângulo, com seus lados culminando em três pontos ou ápices, é a mais simples das formas geométricas para expressar tal reconciliação da tríade.

No fim, as resoluções energéticas em todas as escalas do universo holográfico requerem as três parcerias — masculino, feminino e criança — para serem iguais na habilitação de sua expressão complementar, assim como o triângulo mais estável de todos é o que tem três lados iguais.

Eu não gostaria de me sentar num banquinho em que as três pernas estivessem desiguais!

Trindades

A percepção da totalidade tripartida se apresenta na forma geométrica e também em mitos e símbolos — os métodos de ensino preferidos dos antigos.

O símbolo da medicina, conhecido como caduceu, encontrado em várias formas por todo o mundo antigo, é um bastão com duas serpentes enroscadas, representando a ação recíproca e o equilíbrio das polaridades energéticas e a totalidade de sua resolução.

No panteão védico, Brahma — o Criador, Vishnu — o Conservador, e Shiva — o Destruidor, representam os eternos ciclos cósmicos de nascimento, vida e morte. Tais ciclos, sempre os mesmos e contudo em eterna mudança, ocorrem no espaço e no tempo. Ainda nessa mesma tradição, os três princípios cósmicos da manifestação, ou *gunas*, expressam-se continuamente numa dança de criatividade eterna.

Essa totalidade fundamental também se concretiza na presença quase universal das trindades arquetípicas de homem, mulher e criança das antigas cosmologias. Para os egípcios, os míticos Osíris, Ísis e Horus incorporavam esses princípios. Para os gregos, a relação entre Afrodite, a deusa do amor, e Áries, o deus da guerra, gerou a criança Harmonia, que mediou e resolveu o conflito inato de seus genitores. E até ser julgada herege pela Igreja, a tradição Cristã Gnóstica considerava a trindade cósmica do Pai masculino, do Espírito Santo feminino e do Filho andrógino — a personificação da percepção cristã.

Tríades

Em todo o mundo físico, a natureza tripartida do todo se revela continuamente. É dentro dos limites de três dimensões espaciais que o mundo físico se manifesta. E, embutidos nas leis físicas que regulam as forças do universo, esses temas três-em-um de mediação, manifestação e resolução também se expressam de modo repetido.

Na famosa equação de Einstein, $E = mc^2$, energia e matéria, que juntas formam a corporificação do mundo físico, se reconciliam através da mediação da velocidade da luz.

Os átomos são naturalmente estáveis, em razão do equilíbrio três-em-um das massas, forças e cargas do próton, do nêutron e do elétron de que se constituem. Na verdade, o próton é tão estável que, para que ele decaia em alguma outra coisa, levaria pelo menos 100 milhões de trilhões de trilhões de anos!

Físicos subatômicos em busca da estrutura mais elementar da natureza também descobriram que apenas três famílias de partículas fundamentais formam toda a matéria do universo. E também há três leis de movimento físico que, como descoberto no século XVII por Isaac Newton, descrevem com clareza o movimento no espaço tridimensional e que são aplicáveis em todo o mundo físico.

Ondas

As ondas de energia, que são a própria expressão universal da consciência, incorporam essa trindade fundamental. Cada onda surge como uma revolução que depois chega ao ápice e finalmente cai. A vasta interação de ondas em todas as escalas da existência forma então o padrão holográfico do Cosmos.

Essencialmente, nossas experiências também são ondas de expressão da consciência e, como tal, incorporam fases tripartidas. As jornadas iniciatórias, os meios de adquirir sabedoria em todas as culturas, de todos os tempos, inevitavelmente envolvem três estágios. Quando o "Eu" do futuro iniciado está supostamente pronto, *instiga-se* a missão ou busca. O desenrolar da busca forma a *intuição* do próprio processo de aprendizagem. O terceiro, e talvez mais importante, aspecto da iniciação é a *integração* da sabedoria adquirida por meio da persistência e coragem.

A natureza fundamental da resolução três-em-um permeia inteiramente nosso modo de perceber o mundo. Descrevemos os acontecimentos como ocorridos no passado, no presente ou no futuro, as boas histórias precisam ter começo, meio e fim, e nos vemos como fundamentalmente encarnando coração, mente e vontade.

Resolução

Já apresentamos o segundo princípio cósmico. Uma vez que exploramos a luz e a sombra de nossas experiências, a aspiração máxima de nossa consciência integrada — esteja nossa mente consciente disso ou não — é alcançar seu equilíbrio e sua resolução. Por todas as dimensões e domínios do Cosmos, o *princípio da resolução* descreve como as energias da consciência acabam buscando essa reconciliação.

A essência da percepção da polaridade é a possibilidade de cada elemento polar ser percebido unicamente em relação ao seu par. Por exemplo, só temos consciência da luz quando há escuridão, pois assim podemos comparar. Cada elemento necessita do outro para expressar a si mesmo. Por si só cada um também está naturalmente em desequilíbrio. Podemos julgar uma das polaridades "má" e a outra "boa", mas, essencialmente, quanto mais extrema for a manifestação de cada uma, mais desequilibrada ela será. E em extremos, seja qual for a forma assumida pela polaridade, ela se tornará sua nêmese, a justa medida na ordem divina e humana. A luz extrema se transforma em extrema escuridão e vice-versa.

Quando prosseguimos no processo de julgar tais polaridades, lhes oferecemos energia e atenção — e, inevitavelmente, aquilo a que resistimos persiste. Buda percebeu esse princípio cósmico quando insistiu que seus simpatizantes seguissem o Nobre caminho do meio para a realização pessoal e iluminação.

Pense nesse princípio cósmico na próxima vez que você abrir as torneiras de água quente e fria para tomar banho. Nenhuma é "boa" ou "má", e sua resolução oferece uma de nossas experiências mais bem-aventuradas, especialmente quando combinada com sais de banho e uma taça de vinho.

Re-lembrar

Quando exploramos nossa percepção do plano físico com base na polaridade, estamos participando de circunstâncias.

Não só esquecemos que somos seres espirituais tendo uma experiência física, mas encarnamos com tal profundidade nosso papel que os traumas vividos nos planos físico, emocional e mental podem desmembrar nossa psique. O caminho interior para re-lembrar é, então, um caminho de poderosa cura no plano da alma. É o caminho que percorreremos juntos por todo *O oitavo chacra*.

Nosso re-lembrar envolverá um processo de expansão da percepção para além do plano da personalidade e do ego-*self*, pois é no campo energético do ego que as impressões residuais dos traumas de nosso desmembramento se mantêm. E, visto que, como Einstein mostrou, um problema não pode ser solucionado a partir de sua origem, precisamos mudar para um referencial mais elevado. No fim das contas, esse referencial mais elevado é a consciência da unidade subjacente a toda diversidade do Cosmos holográfico.

Essa é nossa jornada de volta para casa, para a totalidade de quem *realmente* somos.

Ressonância

O *princípio da ressonância* expressa a correspondência harmônica entre todas as coisas e experiências dos fundamentos e das forças do Cosmos. Descobrimos tais correspondências não no mundo físico — em todos os seus aspectos e em todas as escalas, mas nos domínios metafísicos também.

Esta revelação cósmica talvez seja mais bem transmitida pelos sábios ensinamentos do Antigo Egito. Como já vimos, Thoth, o fomentador arquetípico da sabedoria, declarou que o mundo inteiro ressoava ao afirmar: "Assim como é em cima, é embaixo." Ao perceber o macrocosmo expresso no microcosmo, ele descreveu a natureza fractal e holográfica do Cosmos.

As energias dos nossos próprios pensamentos e sentimentos ressoam nos planos interno e externo. Essa ressonância encontra sua correspondência no estado de nossa saúde e na circunstância existencial.

Todos os nossos pensamentos, nossas e-moções (energia em movimento), palavras e ações incorporam energia. Contudo, as freqüências, ou níveis vibracionais, dessas energias podem ser altas ou baixas. Energias de alta freqüência nos inspiram e vivificam, enquanto energias de baixa freqüência nos esgotam e depauperam. No fim, quanto mais elevada a freqüência da energia, maior seu poder de penetração e transformação. O amor incorpora a mais elevada das freqüências de energia existente no Cosmos, enquanto emoções como o ódio incorporam as mais baixas.

Segundo o princípio da resolução, o ato de julgar as energias de baixo nível concede a elas energia para persistir, ao passo que focar nossa atenção e intenção nas freqüências de níveis elevados nos concede o caminho para a totalidade e sintonia.

Quando nossa percepção se expande, nos tornamos inevitavelmente mais coerentes em nossos padrões energéticos. Com isso, somos mais autênticos na expressão do propósito de nossa alma e incorporamos uma integridade cada vez maior. Então, a ressonância e a coerência das vibrações mais elevadas de nossa intenção e atenção correspondem à eterna harmonia do Cosmos.

Desse modo, aprendemos progressivamente a ser surfistas cósmicos e mestres do nosso próprio destino.

Reflexão

O *princípio da reflexão* descreve como as circunstâncias da nossa vida espelham nosso estado interior e vice-versa.

90 O OITAVO CHACRA

Este fundamento é conseqüência do princípio da ressonância. Nosso plano vibracional sintoniza com o de outras
pessoas e circunstâncias que incorporam as mesmas freqüências e, assim, co-criamos as circunstâncias que refletem aquelas realidades.

Quanto mais conscientes estivermos da inevitabilidade
desse princípio, mais capazes seremos de prestar atenção
ao nosso próprio modo de ser, dando início assim ao processo de transformação. O princípio da reflexão, portanto,
nos oferece a oportunidade contínua de desenvolver a autoconsciência e de seguir em direção ao equilíbrio interior.
É impossível escapar à sua presença ao longo da vida, pois,
invariavelmente, ele está ali, nas circunstâncias externas de
nossas experiências como indivíduo, família, sociedade e civilização. Ao curarmos um, curamos o todo.

Mudança

As ondas de energia que expressam a consciência estão em
eterno movimento, uma realidade fundamental subordina-
da ao *princípio da mudança.*

O ritmo de nossas experiências, seus altos e baixos,
seus inícios, desenrolares criativos e finalizações, tudo isso
dá oportunidades à conscientização. Dependendo da nossa perspectiva, a co-criação contínua imposta pela mudança nos oferece desafios ou oportunidades — geralmente ao
mesmo tempo. Embora tentemos nos esquivar de mudanças, é impossível fugir!

Para muitos de nós, o passado representa aquele cober-
tor confortável — e alguns continuam apegados apesar de
ele estar bem puído. Embora a disposição para o desapego
às vezes exija grande fé e confiança no futuro, ela pode nos
oferecer o milagre de um renascimento.

Reconheço isso na minha própria vida. Alguns anos atrás, tentei emocionalmente manter um casamento que já não existia nem para mim, nem para meu marido. Por meses a fio, tentei desesperadamente insistir, enquanto meu coração sabia que eu precisava seguir adiante. A angústia emocional foi tão intensa que a sensação era de que uma barra de ferro comprimia meu peito a cada minuto que passava.

Certa manhã, pedi, desesperadamente, socorro ao Espírito e, por fim, abandonei aquele fardo. Em poucos momentos a dor sumiu. Alguns dias depois nós nos separamos e agora, quase oito anos passados, estou novamente bem casada, e meu ex-marido continua sendo o amigo espiritual que sempre foi, e continuará a ser.

Causa e efeito

O *princípio de causa e efeito* representa o mais amplo contexto metafísico da lei física de que toda ação produz uma reação igual e contrária.

As leis físicas são interligadas fundamentalmente, como a oitava cósmica desses oito princípios. O princípio de causa e efeito se combina com o da resolução, de modo que, nas experiências da consciência integrada, tais processos de ação-reação acabam se equiparando.

Tanto o princípio da mudança como o de causa e efeito estão incorporados no antigo conceito védico de carma. Hoje em dia, o carma é, às vezes, mal interpretado, como se fosse a reflexão da moralidade pessoal ou julgamento de nossas ações por outros ou por uma consciência superior. Mas, além das limitações da nossa percepção baseada no ego, nossa alma entende a verdade mais profunda do equilíbrio e da resolução cármicos, pois o princípio de causa e efeito

92 O OITAVO CHACRA

incorpora, sem julgamento, as implicações de nossas escolhas. Estas, como já vimos, podem ser feitas em diferentes planos de nossa consciência integrada. E carma é o processo inevitável da encenação de nossas escolhas — não na estreita base do olho por olho percebida pelo nosso ego-*self*, mas de maneiras tão profundas que podemos não ter consciência disso, a menos que nossa percepção se expanda além dos estreitos confins do ego.

Contudo, quando nossa percepção se expande, não só ficamos profundamente perceptivos da totalidade do Cosmos, como também nossas escolhas se alinham a sua unidade absoluta. Desse modo, as energias das implicações de nossas escolhas se equilibram e o carma é resolvido e liberado.

Conservação

Como sabemos, as ondas de energias, que são a expressão da consciência, estão em fluxo constante. Contudo, embora a forma assumida pelas energias possa mudar, segundo o *princípio da conservação*, as energias acabam sendo preservadas.

Esse princípio cósmico requer de nós doação e receptividade, pois assim permitimos que o fluxo e o refluxo das ondas da vida passem por nós harmoniosamente.

Podemos alcançar essa verdade profunda fazendo alguns exercícios de respiração.

Para começar, faça uma inspiração profunda seguida por uma expiração normal. Depois inverta o processo fazendo uma inspiração normal seguida de uma expiração profunda.

> Na verdade, eu deveria ter dito *"Tente fazer..."*, pois o desequilíbrio entre essas inspirações e expirações praticamente impossibilita sua realização.
>
> Então, agora, faça uma inspiração profunda, retenha o ar e, após uma pequena pausa, permita que a expiração seja igualmente profunda e equilibrada.
>
> Espero que esteja melhor!

Concessão

O oitavo princípio cósmico, que completa a escala da expressão da consciência, é o *princípio da concessão*.

Ligado ao princípio de causa e efeito, ele descreve como, tendo sido estabelecida intenção e a escolha manifestada, a concessão de suas implicações é parte intrínseca do aprendizado e integração da experiência e do desenvolvimento de uma percepção maior.

Essencialmente, esse princípio exige que reconheçamos nossa responsabilidade pelas circunstâncias da vida, embora nossas escolhas possam ter se dado em níveis superiores de nossa percepção, além do ego-*self*.

Duas outras palavras que às vezes são usadas aqui são "aceitação" e "permissão". Mas, ao explorar suas nuanças com os participantes de meus *workshops*, a maioria achou que "aceitação" tem um sentido de ressentimento — de ter de agüentar as conseqüências das causas. "Permissão" tem uma conotação mais positiva e libertadora e, assim, nos possibilita assumir maior responsabilidade pelo encaminhamento de nossa vida. Contudo, "concessão" significa o reconhecimento da verdade de alguma coisa. Portanto, quando reconhecemos as implicações de nossas escolhas, podemos aceitar o que depois se desenrola como autêntico e adequado.

Princípios cósmicos

Acabamos de explorar como a coerência da consciência co-cria estados efetivos a partir do campo quântico das potencialidades. Vimos que nossa mente integral faz escolhas que, segundo nossas perspectivas, podem ser interpretadas como destino ou livre-arbítrio, mas que num plano superior são as intenções da nossa alma.

Vimos também que a sabedoria de todas as épocas pode ser destilada numa escala de oito princípios cósmicos, que revela como a mente cósmica guia as experiências de percepção baseadas na polaridade.

Ao percebermos e nos alinharmos com esses princípios de relatividade, resolução, ressonância, reflexão, mudança, causa e efeito, conservação e concessão, compreendemos o que nossa própria percepção superior procura nos dizer: "Você é consciência!"

Nos próximos capítulos, vamos, eventualmente, nos referir de modo explícito a um ou mais desses princípios de sabedoria cósmica. Mas, mesmo assim, não podemos esquecer que nossas palavras e ações, e cada um de nossos pensamentos estão subordinados a eles e são guiados por eles.

E quando trilhamos nosso caminho rumo à totalidade, seus preceitos continuamente dão esteio e guiam nossos passos.

Parte II

Sentir

CAPÍTULO 5

Incorpore a harmonia cósmica

PARA OS SÁBIOS VÉDICOS DA antiga Índia, a alma humana é uma gotinha do infinito oceano de consciência representado por *Brahma*. Essa metáfora espiritual, agora milenar, vê a jornada da alma refletida nos ciclos de água vital na Terra. Destilados da vastidão do oceano cósmico, nós planamos. Leves seres de vapor, somos carregados pelas brisas e sacudidos em meio às nuvens de tempestade até alcançarmos terra firme. Caindo como a chuva, encontramos nosso caminho através dos solos férteis da Terra receptiva e dançamos nas intrínsecas redes de água subterrânea. Algumas eras poderão transcorrer antes que flutuemos na superfície de um arroio e, então, sigamos com os pequenos e grandes rios da vida até encontrar nosso caminho de volta para o oceano.

Essa antiga metáfora nos oferece uma profunda revelação sobre o modo de expressão da consciência individual. Assim como um rio é composto de muitos afluentes, nossa consciência é muito maior que o pequeno arroio do egopersona que exploramos numa única vida humana.

Vida após morte, após vida

A literatura védica nos oferece os mais antigos ensinamentos escritos da família humana. Sua sabedoria informou os antigos chineses, egípcios e sumérios e muitas tradições posteriores, sendo que todas perceberam a continuação da psique humana após a extinção do corpo físico.

Segundo a maioria das tradições, quando retornamos ao Espírito, seguimos adiante, a menos que haja uma razão para permanecermos próximos ao plano físico. Essas razões podem incluir uma morte traumática, em que talvez nem estejamos cientes de tê-la ignorado, ou um apego emocional a uma pessoa ou a um lugar. Embora muitos de nós, como minha amada mãe, escolham permanecer próximos àqueles que amam por um curto período após a partida, ficar tempo demais acaba não trazendo benefícios nem para um nem para outro. Na verdade, às vezes os espíritos acabam aprisionados a tais apegos, ficando retidos aqui depois de os próprios entes queridos já terem partido.

Nos últimos anos, a investigação desses espíritos presos, ou fantasmas, tornou-se o aspecto mais reconhecido da pesquisa parapsicológica, e facilitar sua libertação também já é o meio mais comum de assistência espiritual.

Na University of Arizona, nos Estados Unidos, os psicólogos Gary Schwartz e Linda Russek passaram vários anos investigando as afirmações de médiuns que têm contato com os espíritos de falecidos. Eles e outros pesquisadores que estudam uma série de fenômenos, desde experiências de quase morte até comunicações após a morte, estão progressivamente chegando à mesma conclusão: que há uma forte e crescente sustentação científica para o antigo ponto de vista espiritual de que a psique humana realmente continua após o perecimento do corpo físico.

A maioria das religiões mundiais também acredita em alguma forma de reencarnação — a concepção de que vivemos de novo, explorando o significado de ser humano. Os primeiros cristãos gnósticos também mantinham essa crença, embora posteriormente o conceito tenha sido considerado herético.

A pesquisa do psiquiatra Ian Stevenson nos deu a melhor prova científica de todos os tempos a favor da reencarnação. Stevenson vem estudando casos de crianças pequenas que afirmam se lembrar de outras vidas. Ele procurou minimizar o perigo de "falsas" memórias e colecionou detalhes que pudessem ser verificados de modo independente. Até agora, já acumulou mais de três mil casos indicativos de reencarnação.

Nosso ego-*self*

Ao encarnarmos como ser humano, uma corrente tríplice de consciência tece dentro de nós a estrutura subjacente da nossa vida.

A primeira corrente representa nossa herança genética e, assim, a linhagem da família e da cultura em que nascemos. Embora a seqüência de genes codificada no DNA de nossos pais seja o principal determinante de nossa constituição física, agora os cientistas estão se conscientizando também de que as características da geração e os fatores ambientais que afetam nossos pais e até nossos avós podem influenciar o modo que os genes se expressam epigenicamente em sua descendência.

A segunda corrente é representada pela nossa personalidade, a lente emocional e mental com que respondemos às circunstâncias de nossa experiência.

Dentro da matriz em constante mutação da consciência que chamamos de Sistema Solar — ou Soular —, as influências holográficas combinadas do Sol, da Lua e dos planetas na hora e no local do nosso nascimento engendram as características fundamentais da nossa personalidade. Essas coordenadas são exclusivas a cada um, pois até mesmo gêmeos idênticos nascidos na mesma cama virão ao mundo com alguns minutos de diferença.

A terceira corrente de consciência surge no plano da percepção de nosso eu superior. Assim como o propósito de nossa encarnação ou nosso destino é escolhido, as oportunidades e metas das experiências que teremos em vida são determinadas. E é esse nível de intenção que determina as circunstâncias de nossa vinda ao mundo — onde e quando nascemos e quem serão nossos pais — e o ambiente subseqüente onde passamos a viver.

A interação dinâmica das três correntes é então expressa ao longo da vida no plano da percepção que chamamos de "ego-*self*".

Mente, coração e vontade

O principal papel desempenhado pela percepção do ego mental da nossa consciência "normal" desperta é nos persuadir, de todas as formas possíveis, que a sua realidade — o mundo físico — é a *única* realidade. Além disso, ao cumprir seu papel e individualizar nossa experiência, ela procura nos convencer de que estamos separados dos outros e do mundo.

Mas, enquanto nosso ego mental tem por meta maximizar a criatividade da nossa percepção exclusiva, nosso coração anseia por re-lembrar a unidade subjacente do Cosmos holográfico.

Ambos, mente e coração, encontram sua expressão criativa por meio da vontade. Os três juntos formam a trindade fundamental dos princípios de homem, mulher e criança pelos quais vivemos a vida.

Cada um de nós escolhe encarnar como homem ou mulher. Embora iguais, são intrínseca e energeticamente diferentes, não apenas física, mas emocional e mentalmente. O equilíbrio interno das nossas energias masculina, feminina e infantil, e seu uso apropriado, independente do nosso sexo, é fundamental para a completa expressão da nossa humanidade e um pré-requisito para nossa contínua jornada rumo à totalidade.

Meridianos de energia sutil

A sabedoria védica percebe que as energias sutis da personalidade humana interagem com o corpo físico por meio de vórtices giratórios de energias sutis, os chacras.

Acredita-se que os chacras se conectam com uma tríade de meridianos de energia sutil, os *nadis*, conhecidos individualmente como *pingala, ida* e *sushumna*, que atuam como condutores das energias sutis da força vital do nosso biocampo.

A trindade dos nadis incorpora nossa expressão inerente de energia masculina/yang (*pingala*), feminina/yin (*ida*) e infantil/neutra (*sushumna*). Esses princípios, positivo/ativo, negativo/passivo e neutro/criativo, se representam no caduceu, o antigo símbolo da cura. O bastão central é *sushumna*, as duas serpentes idênticas nele enroscadas e que se cruzam em cada chacra são as energias de *pingala* e *ida*.

Como o caduceu revela, é a expressão equilibrada dos três princípios cósmicos dentro de nós, mediados pelos chacras, que nos habilita a manifestar por inteiro o ego-*self*.

Chacras

Existem sete chacras principais relacionados ao ego-persona. Localizam-se ao longo da coluna vertebral, indo do cóccix ao alto da cabeça. São eles o chacra da raiz (coccígeo), o chacra sacro (área pélvica), o chacra do plexo solar, o chacra cardíaco, o chacra da laringe (todos localizados onde sugerem as denominações), o chacra do terceiro olho (no centro das sobrancelhas, logo acima do nariz) e o chacra da coroa (no alto da cabeça). Essas localizações correspondem às principais glândulas do sistema endócrino. Secretando diversos tipos de hormônios, cuja inter-relação ainda não é bem entendida, essas glândulas regulam grande parte das reações físicas e emocionais.

Os chacras intermedeiam as energias sutis do nosso biocampo, e a liberdade com que as energias sutil e física fluem pelo nosso corpo está diretamente relacionada ao nosso bem-estar geral. Quaisquer bloqueios ou restrições resultarão em desequilíbrio e doença nos planos psicológico, emocional ou físico.

Entendendo o que são os chacras, e como eles operam, nos conscientizamos de nossos próprios bloqueios energéticos e, assim, nos permitimos ir além da manifestação da doença, ou seja, para sua causa e, dessa forma, iniciar uma cura real e sustentada.

Um "escritório" empresarial

Cada um dos chacras tradicionalmente expressa um aspecto diferente da experiência humana. Ao todo, eles podem ser comparados a sete andares de um edifício empresarial.

No primeiro andar, o departamento de engenharia (chacra da raiz) garante que todos os serviços e setores que sustentam as atividades da empresa estejam bem fundamentados e tenham alicerces fortes.

No andar seguinte (chacra sacro), o departamento de recursos humanos tem a função de facilitar o atendimento adequado a todos os funcionários da organização.

O terceiro andar (chacra do plexo solar) dedica-se à eficiência operacional, assegurando que todas as atividades da empresa operem em conjunto para expressar seu propósito e sua criatividade.

No quarto andar (chacra cardíaco), a responsabilidade dos serviços de tesouraria é garantir que as relações com todos os credores da organização sejam satisfeitas e honradas.

Os departamentos de vendas e marketing ficam no quinto andar (chacra da laringe). Seu papel é fazer com que a voz da empresa seja ouvida e assim tornar conhecidos seus produtos, compartilhando-os com o mundo.

O sexto andar (chacra do terceiro olho) abriga a equipe de planejamento estratégico. Aqui é criada uma visão interna, que alia os recursos e as capacidades da empresa a uma percepção sábia do mundo externo para garantir e sustentar abundância.

No sétimo andar (chacra da coroa) fica o conselho de diretores, que concilia as diversas atividades da empresa e mantém seu bem-estar e relacionamento com o mundo.

Da organização ao organismo

Assim como no exemplo empresarial, onde o foco dos primeiros três andares é direcionado à estrutura interna da organização, os três chacras inferiores enfatizam as neces-

104 O OITAVO CHACRA

sidades físicas, emocionais e de segurança do organismo e, essencialmente, o modo de sobrevivermos no mundo.

O quarto andar, ou chacra cardíaco, é onde começamos a nos abrir e a nos identificar com o mundo. E o quinto é onde iniciamos a divulgação do produto exclusivo que temos a oferecer — nós mesmos.

Ao subir as escadas do nosso edifício empresarial imaginário, podemos olhar pela janela de cada andar e ter uma visão melhor da paisagem que o cerca. Quando ascendemos através dos chacras, nosso próprio corpo adquire uma visão expandida do mundo exterior.

Ao chegar ao sexto andar, ou chacra do terceiro olho, conseguimos cotejar a compreensão da posição que ocupamos com a percepção do caminho adiante em alinhamento com nossos recursos e propósito superior.

Da vista do sétimo andar, os diretores têm uma compreensão geral de toda a empresa e de sua interação com o mundo. Igualmente, a partir da percepção do chacra da coroa adquirimos uma visão geral de nosso ego-*self* e do modo como nos relacionamos com os outros.

Dependendo do nosso nível de percepção expresso em cada chacra, da raiz à coroa, interpretaremos de modo diferente o que objetivamente são as mesmas circunstâncias ou acontecimentos externos.

Energias complementares

Antes de prosseguirmos na discussão de cada chacra, precisamos reconhecer que, ao escolher encarnar como homem ou mulher, estamos também escolhendo manifestar as energias dos chacras de modo diferente.

Homens e mulheres são energeticamente polarizados de forma complementar, mas oposta, embora todos incorporem os princípios universais descritos como masculino, feminino e infantil. Basicamente, o homem incorpora a expressão masculina ou yang, que é energeticamente direcionada para fora, é ativa e explosiva. Inversamente, a mulher em geral incorpora a expressão feminina ou yin, que é energeticamente direcionada para dentro, é passiva e implosiva. É crucial que cada sexo também incorpore a expressão infantil, energeticamente neutra, mas de onde toda a criatividade é oriunda.

Conforme progredimos na nossa jornada pelo corpo, cada chacra também muda de polaridade. Assim, para os homens, os chacras da raiz, do plexo solar, da laringe e da coroa se expressam de modo yang ou extrovertido, e o sacro, o cardíaco e o do terceiro olho, de modo yin ou introvertido. Para as mulheres, os chacras da raiz, do plexo solar, da laringe e da coroa se expressam de um modo yin, e o sacro, o cardíaco e o do terceiro olho, de modo yang.

Dessa forma, os homens geralmente se expressam de modo extrovertido ou yang diante da necessidade de segurança associada ao chacra da raiz, da ânsia de exprimir poder e propósito intermediado pelo chacra do plexo solar, da comunicação do chacra da laringe e da inteligência de sua mente. Mas a polaridade yin dos chacras sacro, cardíaco e do terceiro olho significa que as expressões energéticas desses chacras se direcionam naturalmente para o interior.

Para as mulheres, o caso é geralmente o oposto. Com a atividade inata ou expressão yang dos chacras sacro, cardíaco e do terceiro olho elas são naturalmente capazes de exteriorizar os sentimentos, a empatia e as idéias intuitivas. Mas a polaridade yin dos chacras da raiz, do plexo solar, da laringe e da coroa significa que os assuntos relacionados aos temas segurança, poder, comunicação e intelecto naturalmente se expressam e são focados de maneira mais interiorizada.

Para todos, as energias infantis sempre presentes servem de conduto criativo para a combinação dessas duas polaridades complementares do yin e do yang. Por fim, a expansão da nossa percepção nos habilita a alcançar esse equilíbrio e dançar com sua manifestação adequada — e não tentar igualar a expressão dos sexos, mas oferecer a nós mesmos uma sinfonia bem mais rica de experiência e capacitação espiritual.

Do desequilíbrio ao equilíbrio

Agora, analisaremos cada chacra para compreender sua perspectiva e como suas energias se expressam tanto de modo equilibrado quanto desequilibrado. À medida que ascendemos, despertando e equilibrando as energias de cada um dos chacras, damos um salto qualitativo na nossa percepção do Cosmos, pois cada um deles representa uma nota progressivamente superior das energias do nosso ego consciente.

Os desequilíbrios nos chacras, como veremos, se mostram por meio de diversos disfarces, mas basicamente todos têm a ver com o fato de estarmos, ou não, nos expressando de forma autêntica e verdadeira. Ser autêntico significa seguir o fluxo da vida e estar em harmonia com o Cosmos, sejam quais forem as circunstâncias externas. Nossa posição é ereta, sem pender para a frente em nossa ansiedade de provarmos quem somos, nem para trás, com medo de nos mostrarmos temerosos de compartilhar nossos talentos singulares com o mundo. Na página 269 há um exercício simples que ajuda você a entender e elucidar seus desequilíbrios energéticos, e a romper o bloqueio em cada um dos sete chacras.

Os três primeiros chacras — da raiz, o sacro e do plexo solar — tratam basicamente do nosso ser enquanto indivíduo. O chacra da raiz tem a ver com "fincar os pés" na vida, o sacro, com o modo de encontrar prazer, e o do plexo solar se relaciona à manifestação de poder, propósito e criatividade.

O chacra da raiz

O chacra da raiz localiza-se na base do cóccix. Sua percepção é instintiva e seu objetivo é a sobrevivência. Sua única responsabilidade é garantir o sustento de suas necessidades físicas de abrigo e alimento.

Dentro da perspectiva do nosso ego-*self*, este chacra é a raiz que nos deixa em contato com a Terra. Como uma árvore, se nossas raízes são pouco profundas, as tormentas da vida nos extirpam, mas se nossas raízes são fortes e profundas, somos sustentados e nutridos.

Para nos sentirmos equilibrados neste plano, precisamos estar fisicamente onde *necessitamos* estar. Cada um de nós tem suas próprias necessidades e é importante que as diferenciemos de nossos desejos. Se nossa real necessidade é morar no campo, o burburinho da cidade grande esgota e depaupera nossas energias. Mas se o que realmente nos faz bem é morar num cenário urbano, um ambiente rural não vai nos sustentar nem nutrir, embora uma certa ligação com a natureza seja necessária a todos.

Para garantir que as necessidades do chacra da raiz sejam satisfeitas, é preciso ser o mais verdadeiro possível consigo mesmo. Para equilibrar a totalidade da vida da melhor forma possível, é preciso que estejamos preparados para assumir um certo compromisso em relação a aspectos específicos. Mas todo compromisso que nega nossas necessidades reais nos traz algum desequilíbrio.

Como enfrentar os temores

A escolha de estar onde verdadeiramente sentimos necessidade de estar vai exigir, com certeza, um confronto com nossos temores.

O medo é uma emoção saudável quando nos alerta do perigo. No entanto, se a cada vislumbre de mudança ou incerteza ele está presente, transformando-se em um sentimento constante, acaba sendo definitivamente nocivo.

Na nossa jornada rumo à totalidade, os temores certamente vão surgir. E, a cada manifestação, suas causas deverão ser compreendidas e adequadamente reverenciadas. É preciso reconhecer, porém, que num certo estágio a jornada interior nos levará inevitavelmente ao desconhecido. Nesse ponto, como nos momentos em que surgem tais incertezas, eu só poderia encorajá-lo a ouvir a voz do coração. Na verdade, a própria palavra "coragem" é consonante com o vocábulo francês para coração — *coeur* — e, assim, quando incorporamos a coragem, é nosso coração que nos estimula a seguir adiante.

Muito em breve estaremos compartilhando um modo de ouvir a sabedoria da voz do coração universal do oitavo chacra e do nosso próprio guia superior.

Voltemos agora ao chacra da raiz.

Como cultivar raízes

O chacra da raiz concentra-se totalmente em nós mesmos. Portanto, a menos que suas necessidades sejam sanadas e as energias equilibradas, descobriremos que as questões de sobrevivência dominam nossas experiências. Se nossa necessidade de segurança não estiver satisfeita, é pouco provável que sejamos capazes de nos concentrar em outras coisas. Por isso, saber o que nos dá segurança é crucial para o equilíbrio energético do chacra da raiz, principalmente se tivermos a impressão de que nunca temos o bastante, apesar de possuirmos recursos suficientes para sustentar nossas necessidades.

Cultivar raízes onde queremos estar, e da maneira que pretendemos viver, e começar a perceber e apreciar a inter-relação presente em toda a vida, são passos importantes para nos libertarmos dos temores habituais de um chacra da raiz desequilibrado. Se não formos capazes disso, poderemos descobrir nossa consciência baseada principalmente no nível do chacra da raiz, sendo o isolamento nossa emoção predominante e o ganho material nosso único foco.

O chacra sacro

O segundo, o chacra sacro, localiza-se na área pélvica, e seu principal impulso energético é a obtenção do prazer como base para os relacionamentos físicos no mundo.

Equilibrar as energias deste chacra tem a ver com o desenvolvimento de valores pessoais e o discernimento entre o que faremos ou não para atingir o prazer. Ao aproveitamos uma experiência em determinado momento, permitindo que o prazer proporcionado por ela flua por nós em vez de nos apoiarmos nele, evitamos o perigo de que a busca por tal experiência se torne o próprio prazer. Dessa forma, não corremos o risco de cair no tipo de armadilha da busca eterna — quando alguém ou alguma coisa mostra-se conquistável ou é conquistada, significa que parou de oferecer prazer e, assim, a busca continua. Quando tal desequilíbrio permanece, a satisfação se torna cada vez mais difícil de ser alcançada, e as tentativas para satisfazer uma necessidade que não pode ser saciada aumentam. É o que se chama de vício.

Os desequilíbrios neste chacra, se não forem corrigidos, podem levar à necessidade de doses cada vez maiores do vício, para superar a sensação de vazio ou insatisfação. Esse círculo vicioso pode envolver um profundo medo da perda do prazer. Nos relacionamentos, isso costuma originar comportamentos obsessivos, ciúme e uma carência impossível de ser aliviada.

Além disso, quando estamos energeticamente desequilibrados nesse plano, é comum ficarmos nos comparando com os outros, o que nos leva a uma contínua sensação de inadequação.

O primeiro passo para equilibrar o chacra sacro é ver a vida como agradavelmente abundante, em vez de escassa e cheia de privações. Não devemos desejar o que não temos e sim nos contentar com o que possuímos. Tal contentamento não é acomodação; a disposição para ver a abundância em nossa vida como ela é habilita o princípio cósmico da ressonância a atraí-la cada vez mais para nós.

Cada chacra requer o equilíbrio do seu anterior para se manter estável. É como tentar construir um castelo de cartas — a segurança do nível superior depende da estabilidade dos inferiores. Portanto, para que as energias do chacra sacro fiquem em perfeito equilíbrio, é preciso resolver também todos os assuntos relativos ao chacra da raiz.

O chacra do plexo solar

O chacra do plexo solar localiza-se exatamente onde o nome sugere, em torno da região umbilical. É o centro de poder do corpo e intermedeia as energias relacionadas à vontade, ao propósito e à criatividade.

Com as energias deste chacra nós, essencialmente, afirmamos para o mundo quem somos. A falta de sua utilização pode acarretar a incapacidade de auto-afirmação, quando necessária, ou sentimentos de culpa, quando estamos errados. Em excesso, nos leva a impor nossa vontade, em vez de expressar nosso próprio poder.

Ao afirmar quem somos, de modo equilibrado, precisamos definir nossas limitações sem, deliberada ou inadvertidamente, erguer barreiras contra o mundo exterior. Tal discernimento é essencial para um autodomínio progressivo.

Capacitação

Os princípios e valores fundamentais com que levamos a vida se originam dos três chacras inferiores, e equilibrar a energia do chacra do plexo solar é crucial para incorporar a integridade deles.

Basicamente, os três primeiros chacras se relacionam com segurança, sexo e poder. Quando suas energias estão equilibradas em nosso interior, eles estão aptos para suportar a maior percepção dos chacras superiores. Aqui, como sempre, precisamos nos lembrar de que a energia orienta os acontecimentos e não o contrário. Assim, o primeiro passo para resolver os desequilíbrios nesses e em todos os chacras é nossa intenção de fazê-lo.

O foco do nosso propósito e o nível de sua percepção, sendo ele intermediado pelo chacra do plexo solar, podem resultar em poder baseado no ego — o que denomino de "capacitação de mim" — ou em propósito superior da nossa capacitação, como a incorporada na assistência aos outros.

112 O OITAVO CHACRA

Tal aptidão nos possibilita resolver conflitos por meio da compaixão, transformar a competição em colaboração, e as limitações do controle em liberdade de co-criação.

O chacra cardíaco

O quarto chacra localiza-se na altura do coração. Como chacra central do campo energético da nossa personalidade, posicionado entre o Céu e a Terra, é aqui que se inicia o processo de integração entre a percepção espiritual e a experiência física.

Enquanto a função do ego mental é expressar nossa individualidade por meio da separação aparente, o papel do coração é nos relembrar da união essencial. É por isso que, quando fechamos o coração, entramos numa prisão que nós mesmos criamos.

Inversamente, ao derrubarmos nossas defesas, permitimos que a vida flua através de nós. A vulnerabilidade aparente é, na verdade, nossa maior força quando despertamos para o conhecimento de que o amor é o maior poder existente no Cosmos.

Nossa capacidade de dar e receber com liberdade e contentamento é um sinal de que nosso coração está desperto e equilibrado. Mas, às vezes, a energia de um coração desperto pode estar desequilibrada e, assim, descobrimos que, embora amemos dar, não é fácil receber. Entretanto, o reconhecimento de que agindo dessa maneira privamos os outros da alegria de dar pode nos levar a agradecer e aceitar os presentes de amor que nos são oferecidos e assim readquirir o equilíbrio interior.

"Amor" é uma palavra freqüentemente mal empregada. É utilizada para revestir sentimentos que vão da luxúria à compaixão. A menos que os três chacras inferiores estejam equilibrados, o amor que sentimos no coração será condicional e fundamentalmente relacionado à segurança, ao sexo ou ao poder. Nossos relacionamentos serão baseados na carência e na co-dependência, em vez de serem interdependentes.

Um relacionamento amorosamente interdependente já foi comparado a duas árvores que crescem lado a lado. Elas não escondem o Sol ou a chuva uma da outra nem negam uma à outra os nutrientes da terra, seus galhos e suas raízes conseguem receber toda a nutrição da Fonte, que elas compartilham igualmente.

Viver no coração também exige que amemos uma pessoa como ela é, e não como gostaríamos que ela fosse ou no que achamos que podemos transformá-la — sem se importar se este é o seu desejo. Enquanto apoiamos amorosamente a intenção e o esforço que ela faz para ser quem deseja ser, nós também precisamos reconhecer que, fundamentalmente, a jornada é *dela*, não nossa — ela precisa trilhar seu caminho, não nós.

Tal amor é incondicional, não depende da reação nem do julgamento do outro. Contudo, costumamos enfrentar um profundo dilema quando expandimos nossa percepção a esse nível. Será que amar incondicionalmente significa que devemos aceitar o comportamento que não nos agrada do próximo ou do ente mais querido? Na minha opinião, não.

Qualquer que seja nosso nível de consciência, naturalmente vamos ressoar aquele nível. Embora conquistemos pessoas e circunstâncias do mesmo nível, nossa consciência integrada continua com sua busca co-criativa por abundância de experiências. Portanto, continuaremos encontrando pessoas e situações em todos os níveis de consciência. Mas, ao explorar a natureza do próximo chacra, veremos que na conexão com pessoas e acontecimentos que possuem um chacra cardíaco

114 O OITAVO CHACRA

desperto e equilibrado nossa verdade amorosa invariavelmente serve aos nossos propósitos superiores e aos deles.

O chacra da laringe

O quinto chacra localiza-se na garganta e despertamos suas energias ao descobrir nossa autêntica voz e ao expressar nossa criatividade de um modo que só é certo para nós.

A comunicação dessa criatividade espiritualmente fundamentada não se limita à voz falada, incorpora todos os nossos meios pessoais de expressão. Quando o chacra da laringe está desperto e equilibrado, essa criatividade é inspirada. Ela flui por nós por meio do nosso ser superior e se mantém fora do controle da mente consciente. A chave para nos alinharmos e nos harmonizarmos com ele é, em essência, nos perdermos em seu fluxo, estando totalmente presentes no Agora.

Contudo, um chacra da laringe desperto pode estar desequilibrado se as energias do chacra inferior também estiverem. Neste caso, estaremos expressando nossa "verdade" de modo inadequado — com raiva, frustração ou numa variedade de formas que refletem os desequilíbrios inferiores. Mas a autenticidade da nossa voz sempre é ouvida quando falamos com um coração desperto e equilibrado. É por isso que qualquer coisa que estejamos fazendo ou dizendo é amorosamente verdadeiro e capaz de atingir os outros nesse nível.

O chacra do terceiro olho

O despertar do sexto chacra, o terceiro olho, que se localiza entre as sobrancelhas, nos oferece uma visão interior de nós mesmos e do Divino.

Certa vez, ao ser indagada sobre sua coragem de dar banho nos mendigos de Calcutá, Madre Teresa respondeu que via a todos como "Deus de cara suja".

Como sugere a denominação, o chacra do terceiro olho nos oferece a intuição de nossa visão interior.

Novamente, qualquer desequilíbrio nas energias dos nossos chacras inferiores será sentido quando despertamos o chacra do terceiro olho. O nosso ego mental perceberá as intuições emergentes como pura imaginação, e suas dúvidas tentarão puxar a percepção de volta para um ponto de vista materialista, onde apenas o físico é "real". Contudo, nossa intuição centrada no coração é mais sábia, e se nos permitirmos escutar e ouvir ativamente sua orientação, ela nos conduzirá adiante com toda segurança.

Por outro lado, se ignorarmos o conselho da nossa intuição, conforme o chacra do terceiro olho vai despertando, inevitavelmente sofreremos conseqüências cuja gravidade — e eu falo por minha própria e lastimável experiência — está diretamente relacionada ao nível do nosso despertar.

Ser pró-ativo, em vez de meramente re-ativo, em relação ao nosso senso intuitivo, abre as portas para a magia da sincronicidade. Quando começamos a perceber o encadeamento de circunstâncias e acontecimentos e nos permitimos ser guiados pelo seu fluxo, dançamos em harmonia com o Divino. Começamos a perceber que nada acontece por acaso, e nos tornamos cada vez mais conscientes de que há um propósito inerente e subjacente que guia o fluxo existencial, ainda que não consigamos entender sua lógica.

Por muitos milênios, o despertar e o equilíbrio das energias do chacra do terceiro olho têm sido considerado o passo principal no caminho espiritual para a transcendência. Mas aqui eu gostaria de salientar que o propósito de tal percep-

116 O OITAVO CHACRA

ção é, essencialmente, possibilitar a incorporação da totalidade de quem *realmente* somos por meio do milagre da vida humana e não para evitar suas circunstâncias e seus desafios ou escapar deles.

O chacra da coroa

Ao despertarmos as energias do chacra da coroa conseguimos perceber o universo como uma totalidade consciente interligada e a nós mesmos como um microcosmo e a totalidade de sua natureza holográfica.

Com a abertura equilibrada do chacra da coroa chegamos ao limiar do que significa estar só e ser capaz de perceber a unidade com o Cosmos. Quando atravessamos esse limite, começamos a descobrir como o Uno se expressa por intermédio da diversidade.

As energias equilibradas do chacra da coroa nos possibilitam discernir o mundo como naturalmente sagrado e banhado pela presença divina. Passamos também a saber que somos de fato uma gota no oceano cósmico. Então, como poderíamos ficar sem o acesso direto à nossa própria divindade?

O alter chacra maior

A antiga tradição refere-se aos chacras do terceiro olho e da coroa como doadores, respectivamente, da visão mental interna e externa do mundo. Menos conhecido, porém, é o fato de que altos iniciados conseguiram acessar a síntese dessa visão e assim se dar conta de que nossas percepções interna e externa são reflexos uma da outra. Essa conexão com as realidades transcendentais se deu por intermédio de um outro chacra, situado na base do crânio, o *alter chacra maior*.

Conforme as percepções individual e coletiva se expandem, esse chacra vai adquirindo uma importância energética crucial, pois o acesso e o equilíbrio das energias do alter chacra maior com as energias dos chacras do coração e do plexo solar possibilitam a elevação da nossa vibração para perceber e ativar o oitavo chacra do coração universal.

Incorpore a harmonia cósmica

As energias e percepções dos chacras inferiores são sobre assumir a responsabilidade por nossas escolhas conscientes e suas implicações. Conforme despertamos o chacra cardíaco e os superiores, vamos progressivamente nos abrindo e nos alinhando com a percepção do nosso ser superior.

A vontade de incorporar esse alinhamento costuma ser chamada de entrega. E realmente é, porque abandonamos nossa confiança no ego-*self* e deixamos que o ser superior nos guie dali em diante. Mas isso não significa sacrificar quem pensamos que somos, e sim re-lembrar quem *realmente* somos.

No próximo capítulo, continuaremos a discutir as consciências arquetípica, transpessoal e coletiva e como esses planos superiores de percepção são aspectos fundamentais da nossa psique.

CAPÍTULO 6

Expire...

ACABAMOS DE EXPLORAR A NATUREZA do *self* egóico, baseado na personalidade. Vamos agora expirar profundamente a vasta matriz de consciência a que temos acesso.

Ir além do ego-*self* para vivenciar estados de percepção ampliada tem sido a meta daqueles que se dedicam ao Espírito. Desde as brumas da pré-história, temos potencial para acessar os estados e as substâncias que alteram a consciência, ou, mais recentemente, as técnicas psico-espirituais. Mas enquanto místicos e iniciados têm buscado esses extraordinários estados de ser ao longo da história, a grande maioria das pessoas se prevalece das realidades comuns da existência.

Não mais.

Agora, individual e coletivamente, estamos — todos nós — começando a nos capacitar para acessar os planos superiores da consciência. E, decididamente, estamos conseguindo, sem recorrer a substâncias que alteram a consciência ou aos meios psico-espirituais de nossos antepassados.

Igualmente, ao longo dos últimos dois milênios, as instituições religiosas exerceram a autoridade espiritual. Gurus ou padres, benevolentes ou não, ocuparam o posto de condutores privilegiados do Espírito.

Não mais.

Ao incorporar as energias do oitavo chacra, cada um de nós poderá assumir o poder sobre sua própria espiritualidade e acessar a totalidade de quem realmente somos.

Poderemos continuar caminhando ao lado dos companheiros de jornada na tradição espiritual que escolhermos, mas estaremos também capacitados a trilhar o caminho interior que pertence somente a nós — e que nos conduz ao nosso destino comum.

O inconsciente coletivo

A partir de pesquisas sobre estados alterados de consciência, o psicólogo Carl Jung identificou um vasto aglomerado consciente a que todos nós temos acesso. Ele o chamou de "inconsciente coletivo", percebendo-o como o arquivo de toda a nossa herança cultural e histórica.

Jung também identificou princípios criativos primevos que denominou "arquétipos", cuja essência permeia o inconsciente coletivo e que, por conseguinte, encontra expressão tanto na vida individual quanto na humanidade como um todo.

Tais arquétipos formam os panteões de todas as religiões. Embora os percebamos de modo culturalmente específico, sua natureza inata é genérica, e sua orientação e presença são comuns a todos nós.

Quando expandimos nossa percepção além do ego-*self*, acessamos o inconsciente coletivo e os domínios dos seres arquetípicos. Assim, não só começamos a perceber, mas a sentir diretamente que os limites entre a psique e o Cosmos são essencialmente arbitrários.

Nesses estados de consciência somos capazes de acessar o conhecimento por meio do espaço e do tempo, e também de vivenciar experiências não locais, que vão além do mundo manifesto. Podemos obter informações que parecem ser memórias de outras vidas ou nos identificarmos a tal ponto com outros seres — animais, árvores, montanhas e rios — que atingimos uma profunda consciência de que eles também são sencientes.

Como Jung também descobriu, tais estados conseguem disponibilizar informações novas e precisas, impossíveis de serem passadas pelos meios até então abertos à mente egóica. Por exemplo, quando pesquisadores perguntaram aos pajés da bacia amazônica, o maior depósito de plantas medicinais da Terra, como eles haviam adquirido conhecimento enciclopédico sobre as propriedades das plantas, eles responderam: "As plantas nos contaram." Os antropólogos, que por gerações acrescentaram um ponto de vista materialista à pesquisa, começam a descobrir por si esse conhecimento metafísico ao passar pelas mesmas buscas visionárias dos povos primitivos cuja cultura estão estudando.

O que fica claro em todos esses relatos é que, embora os próprios arquétipos sejam pontes para a Fonte suprema de toda a criação, não são a própria Fonte. Confundi-los com a Fonte tem sido o caminho histórico para a idolatria, divisão e incapacitação. Mas compreendê-los como parte real de uma consciência holográfica quase infinita possibilita que todas as limitações culturais sejam transcendidas, e que uma maior consciência do Cosmos e de nosso lugar dentro dele seja alcançada.

Essencialmente, na própria fronteira da percepção humana, há um nível de consciência que abraça todas as polaridades. Todos que já o vivenciaram reconhecem que ele está além do poder descritivo da linguagem — um campo inefável de mente pura, amor incondicional e poder criativo. Uma música sublime, em vez de palavras — mesmo as poéticas —, nos permite vislumbrá-lo. A visão da natureza em toda sua glória nos presenteia com outro vislumbre. Mas a linguagem ressoante em todos os planos superiores de consciência é a do amor — não as palavras que procuram descrever o amor, mas os sentimentos que não deixam dúvida de sua realidade —, não os sentimentos que procuram julgar ou limitar o amor, e sim aqueles que o libertam.

Conforme nossa percepção vai se expandindo, podemos escolher nos fundir nessa consciência, presenciá-la com admiração reverente ou abraçá-la como a Bem-amada do nosso coração, da nossa mente e vontade.

Xamãs, geomantes e místicos

Todas as tradições metafísicas compreenderam que nossa percepção sensorial, nossos sentimentos e nossos pensamentos são mediados por três centros: mente, coração e vontade, que por sua vez são ligados às associações arquetípicas de masculino, feminino e infantil.

Diferentes culturas, em épocas distintas, enfatizaram esses três aspectos da experiência humana ao procurar explicar o mundo e nosso propósito na Terra. Para os cientistas e para os geomantes, antigos e modernos, o caminho mental descortinou um grande depósito de conhecimento cósmico. Nos últimos três séculos, nós trilhamos esse caminho coletivamente e, assim, nos aprofundamos nos mistérios do mundo físico como nunca visto antes. Mas como o papel da mente é individualizar nossa percepção, o preço que pagamos por essa visão exterior foi a cegueira progressiva da nossa visão interior.

Para os xamãs indígenas, o caminho para a compreensão se dá pela experiência direta centrada no coração e pela sensação inata de ser um fio na imensa teia da vida. Para os seguidores desse caminho, todo o Cosmos está vivo, e toda a vida é reverenciada e percebida por conexão. É assim que funciona a ecologia profunda, caminhar com leveza sobre a Terra e cooperar com os ciclos cósmicos, em vez de lutar com eles.

O terceiro caminho, o da vontade, já foi percorrido pelos místicos de muitas tradições, para quem as revelações intuitivas repletas de milagres formaram a trilha para vislumbrar o propósito criativo do Cosmos.

Esses três caminhos levam ao mesmo destino final e não são mutuamente exclusivos. Na verdade, a integração entre mente, coração e vontade é essencial para acessar o portal do oitavo chacra e continuar nossa jornada rumo à totalidade.

Números arquetípicos

Muitas tradições de sabedoria ensinam que a totalidade da alma humana é incorporada por uma matriz de consciência constituída por um harmônico 12-em-13 de energias fundamentais. Tais ensinamentos se apóiam no uso de símbolos e metáforas para descrever esse entendimento. Portanto, em toda linguagem arquetípica do mito, na jornada do herói solar — ou soular —, a peregrinação interior rumo à totalidade, encontramos repetidamente esses números arquetípicos. Doze divindades acompanhavam Osíris, o antigo deus egípcio da regeneração. Doze seguidores acompanhavam o herói

124 O OITAVO CHACRA

arquetípico Odisseu, cuja longa viagem de volta ao lar após a Guerra de Tróia foi relatada por Homero. Hércules, o herói grego, empreendeu 12 trabalhos para completar sua missão e conquistar a liberdade. E Jesus, cujo aniversário celebramos no solstício de inverno — o renascimento do Sol —, teve 12 discípulos.

Esse entretecimento do 12 em torno do 1 se reflete nos ciclos astronômicos e astrológicos do zodíaco e da dança cósmica do Sol, da Lua e da Terra. Todo ano, o Sol completa um ciclo tendo como pano de fundo as 12 constelações do zodíaco e, ao girar em volta da Terra, a Lua traça 12 meses siderais, medidos contra o pano de fundo estelar, e 13 Luas cheias ou lunações.

O mesmo harmônico se encontra nas notas musicais da escala cromática, onde, como já vimos, a 13ª nota completa uma oitava, dobrando a freqüência da primeira nota, e iniciando a próxima. Para os músicos iniciados da antiga Grécia, as relações geométricas inatas incorporadas na escala cromática refletiam os princípios cósmicos de evolução e a incorporação na consciência da unidade.

Os antigos geômetras representavam o Espírito como uma esfera perfeita. Para eles, a incorporação do Espírito na matéria foi mais adiante revelada pelo maior número de esferas capaz de se reunir em volta de uma esfera central do mesmo tamanho, sendo 12 em volta de uma.

Foram essas revelações intuitivas que harmonizaram tantas culturas antigas numa percepção comum.

Ordinário e extraordinário

A jornada de re-lembrança nos leva a planos de percepção que vão muito além das amarras do nosso *self* pessoal. A conquista desses estados geralmente é considerada o auge de uma vida de dedicação sincera e até agora vista como só disponível àqueles dispostos a renunciar ao mundo cotidiano. De fato, para muitas tradições espirituais, o mundo físico é visto, por sua própria natureza, como "decadente" e "pecaminoso", e elas determinam que só afastados das "tentações" deste mundo poderemos descobrir o eu espiritual superior.

Embora eu compreenda o pensamento que origina tal ponto de vista, sinto que atualmente nosso propósito superior de estar aqui nesta encarnação física é incorporar a totalidade espiritual de quem realmente somos por intermédio da nossa experiência humana. Há alguns anos, numa linda manhã, enquanto eu caminhava na paisagem sagrada de Avebury, recebi a seguinte mensagem clarividente:

Na trivialidade da nossa humanidade, somos todos ordinários.
Na trivialidade da nossa divindade, somos todos extraordinários.

Dei-me conta, então, de que estamos aqui para expressar nossa natureza cósmica em todo o seu esplendor ordinário e extraordinário — para incorporar o divino no trivial e perceber que a divindade é a maneira natural do mundo.

As marés da história

Nos éons que se desenrolaram desde o início do universo, a evolução da complexidade nos possibilitou vivenciar níveis de percepção individual e coletiva cada vez mais elevados no plano físico. E, durante a piscada cósmica de tempo que representa a história coletiva humana, não paramos de buscar uma compreensão mais profunda do nosso lugar no Cosmos e da comunhão com suas realidades superiores.

Como as grandes marés do oceano, levadas para a frente e para trás em conjunção com a Lua, as marés da história humana têm seguido um curso de fluxo e refluxo. Nós somos os surfistas nas ondas, que são as circunstâncias da vida individual e coletiva conforme elas ascendem, atingem o auge e caem. Todos temos um papel destinado na nossa ação recíproca de luz e sombra e estamos aqui agora, nesta época grandiosa, para desempenhar nosso papel no que foi chamado por muitos místicos de Mudança de Era.

Estiramento ao ponto de ruptura

Agora sabemos que a evolução se caracteriza por lentas tendências entremeadas com saltos revolucionários. Os seres humanos modernos apareceram pela primeira vez no registro de fóssil datando de aproximadamente 50 mil anos. Desde então, embora nossas habilidades cognitivas não tenham mudado muito, exploramos individual e coletivamente toda a gama de consciência polarizada.

Nos primeiros 40 mil anos de jornada da espécie, as provas disponíveis indicam que entendíamos que éramos seres espirituais passando por uma experiência física e que abraçamos uma visão xamânica de mundo como a dos caçadores coletores contemporâneos. As comunidades xamânicas se vêem como parte de uma grande teia da vida em cujos ciclos de nascimento, vida, morte e renascimento elas caminham com leveza sobre Gaia, em harmonia com as outras criaturas.

Mas nos últimos dez milênios, surgiram novos pontos de vista que se caracterizaram por uma relação diferente com a Terra e o vasto Cosmos. Com o advento da agricultura e da domesticação dos animais, nossa relação com o mundo natural passou por uma revolução. A humanidade já não estava à mercê da natureza. Começamos a ver o mundo como algo que podíamos domar e controlar. Ao nos percebermos como um fio intrínseco, mas não particularmente vantajoso na grande teia da vida, passamos a nos enxergar como dominadores progressivos daquela teia. E, ao ver a Terra como intrinsecamente sagrada, passamos a considerar nossa posição como central no Cosmos.

Com o passar dos séculos, as diferentes culturas que procuraram ter um domínio cada vez maior sobre a Terra e seus filhos comprometeram-se e acabaram destruindo nossa intimidade com ela e com o Cosmos. Conforme exploramos nossa separação e recém-descoberta individualidade, começamos a sentir, e até festejar, a percepção de que estávamos sós. Mas à medida que a cisão foi aumentando, começamos a nos sentir sós.

Nos últimos 300 anos, a ciência materialista procurou nos convencer de que o mundo físico não tem um propósito, e é a única realidade. De forma mais fundamentalista, a ciência também tem afirmado que não passamos de um resultado aleatório de processos evolutivos em que a única motivação é a sobrevivência. Conseqüentemente, nossa exploração coletiva da percepção polar, assim esticou-se a ponto de ruptura como um elástico.

Perigo e oportunidade

O símbolo chinês para "crise" justapõe os ideogramas de "perigo" e "oportunidade". E na passagem cósmica perfeita representada por esse momento, enquanto parecemos estar à beira de um abismo, também expandimos nossa percep-

128 O OITAVO CHACRA

ção, a fim de compreender de que modo podemos preencher a lacuna a nossa frente.

Até então, para explorar a plenitude da nossa percepção polarizada, precisamos nos convencer, assim como os atores, da realidade da peça em que estamos atuando. Agora, no entanto, pela primeira vez na história da humanidade, somos, pessoal e coletivamente, capazes de equilibrar e transcender as limitações da percepção polarizada. Somos capazes de incorporar a consciência da unidade, como fizeram os avatares que ao longo das eras foram nossos guias espirituais. E somos capazes de fazê-lo sem entregar nosso poder pessoal a um intermediário.

Como seres espirituais que passam por uma experiência física, estamos prontos para empreender um desafio maior e abraçar uma excelente oportunidade. Por fim, somos capazes de agregar as energias e percepções do oitavo chacra e assim completar a oitava fundamental da percepção e, conscientemente, recuperar a totalidade da alma.

Chacras transpessoais

Além do sistema sétuplo de chacras da nossa personalidade, há outros cinco chacras transpessoais superiores. Em níveis vibracionais cada vez mais elevados de percepção holográfica, eles completam o campo energético do 12 e atingem a totalidade do 13 referente à percepção da unidade consciente.

O oitavo chacra

O oitavo chacra do coração universal é a ponte entre a percepção egocêntrica e a percepção superior. No plano coletivo, estamos agora sentindo nossa ressonância neste chacra na forma de uma crescente compaixão global. A maioria das pessoas sente individualmente sua presença como um centro de energia posicionado entre os chacras do coração e o da laringe.

Energeticamente, o oitavo chacra pode ser percebido como o condensador da trindade de energias da mente, coração e vontade expressa pelo alter chacra, pelo chacra cardíaco e também do plexo solar. Em essência, a natureza tripla do coração universal cria um portal energético, equilibrando e elevando nossa percepção a um plano transpessoal.

O amor incondicional é a vibração desse plano de percepção e, quando reverberamos na sua essência, adquirimos uma nova compreensão da consciência arquetípica que guia nossa experiência humana.

O nono chacra

O nono chacra localiza-se a cerca de um palmo abaixo dos pés. As energias do chamado chacra "estrela terrena" nos oferecem uma ligação muito mais profunda com a Terra do que as do chacra da raiz. Ao nos conectarmos com a Terra por intermédio do chacra estrela terrena, conseguimos comungar, em níveis cada vez mais profundos, com os devas e com os domínios elementares de Gaia.

O décimo chacra

O décimo chacra localiza-se energeticamente a um palmo acima da cabeça e nos conecta com a matriz do grupo de almas, que é a consciência de todo o sistema solar — ou soular.

Pelo conhecimento pessoal desses chacras superiores, as pessoas estão começando a se curar dos traumas acumulados ao longo das jornadas da própria alma e a re-lembrar da identidade da alma nos planos terrestre, intraterrestre e extraterrestre.

O décimo primeiro chacra

O 11º chacra, cerca de 45 centímetros acima da cabeça, nos conecta com os planos galácticos de percepção.

Ao expandir nossa percepção e incorporar a consciência desses chacras transpessoais, nos tornamos capazes de acessar a sabedoria e a orientação nos domínios multidimensionais do Cosmos, assim como nossa própria percepção superior e orientação intuitiva.

Neste momento de crise global, essa sabedoria superior pode de fato ser a chave para um futuro de harmonia consciente com o Cosmos, em que estaremos prontos para assumir as rédeas dos nossos destinos individual e coletivo.

O décimo segundo chacra

O 12º chacra, localizado cerca de 90 centímetros acima da cabeça, nos conecta com a unidade de consciência de todo o Cosmos e nos oferece a lembrança absoluta de quem *realmente* somos.

Assim, como os 12 chacras juntos tornam-se o 13º transformador, a unidade do Um, que transcende e faz nascer toda a consciência relativa, é percebida.

O propósito da alma

O oitavo chacra do coração universal completa a oitava da percepção, ou seja, nossa consciência baseada na personalidade e o portal para nossa percepção transpessoal superior.

Nos capítulos anteriores, vimos a importância fundamental dos princípios da trindade e como suas energias combinadas resolvem as tensões inatas na expressão da polaridade. Na consciência do nosso ego-*self*, num plano energético, nossa mente, nosso coração e nossa vontade incorporam essa trindade cósmica. É por meio dos pensamentos e sentimentos e de nossas interações com o mundo externo, mediadas pela vontade, que entendemos o significado de ser humano.

Além disso, como já vimos, cada um dos sete chacras baseados na personalidade incorpora energias masculina, feminina e infantil, e esses princípios ativo, passivo e neutro (ou criativo) também se denominam, respectivamente, *pingala, ida* e *sushumna* na tradição védica.

Num plano superior do holograma cósmico, mente, coração e vontade também incorporam esses princípios cósmicos três-em-um. Não importa se nascemos homens ou mulheres, pois nossos sentimentos são essencialmente femininos, ou passivos, nossos pensamentos são masculinos, ou ativos, e nossa vontade se expressará por meio das energias criativas da "criança" cósmica.

Quando esses elementos estão equilibrados, as energias do oitavo chacra podem ser acessadas. Se, entretanto, a energia masculina ou feminina se tornar dominante, a expressão criativa, manifesta pela vontade, ficará em desequilíbrio.

Nos dois últimos milênios, a psique coletiva se caracterizou pelo domínio progressivo da mente e, independente de sermos homem ou mulher no plano físico, coletivamente denegrimos o poder do coração. Creio que esse desequilíbrio energético se estendeu até o ponto permitido pela psique coletiva, e seu reparo é intrínseco à abertura do portal do oitavo chacra do coração universal.

Ao acessar o coração universal, transcendemos as limitações de nossa consciência egóica e percebemos os seres multidimensionais que realmente somos. Começamos também a compreender o propósito da nossa alma.

Para tanto, agora precisamos analisar como nossa percepção expansível ressoa as matrizes da consciência, primeiro, da Terra e, depois, do nosso sistema solar — ou soular. Embora as crises do nosso tempo apresentem grandes riscos e perigos, estamos nos oferecendo uma incrível oportunidade de restabelecer relações com esses aspectos inatos do holograma cósmico.

CAPÍTULO 7

Gaia

A TERRA É UM SER VIVO. Não se trata de um pano de fundo passivo em nossa vida, nem de um inimigo a ser subjugado e conquistado. Tampouco é um produto descartável para ser maltratado e abandonado. Contudo, nós a tratamos com muita ignorância, agressão e desdém. Apesar de tudo isso, ela continua a nos nutrir, mas por quanto tempo ainda?

A Terra não é apenas o único lar que possuímos, mas o único lar para um futuro previsível. E como veremos, é nossa parceira evolutiva na mudança de consciência, que agora é iminente.

Algumas pessoas falam em "salvar o planeta", enquanto outras ignoram esses apelos ou ficam indiferentes a eles. O fato é que não é a Terra que precisa ser salva; somos nós. No fim, ela acabará sobrevivendo, apesar dos abusos que lhe impusemos e das mudanças que agora atravessa. Nós, entretanto, não.

Numa taxa exponencial, estamos envenenando e destruindo o meio ambiente que por centenas de milênios tem nos sustentado com abundância. Além disso, como um vírus que se alastra e destrói seu hospedeiro, estamos negligentemente nos precipitando para o desastre, um desastre evitável.

Os imensos recursos despendidos numa suposta "defesa" não nos resguardam da grande ameaça que realmente enfrentamos. Se uma fração da energia e dos recursos globais gastos no desenvolvimento e uso de armas fossem redirecionados para o desenvolvimento de tecnologias e indústrias harmoniosas e em parceria e cooperação com a Terra — e entre si — ainda poderíamos triunfar. Mas isso requer de nós mais do que apenas uma mudança de mentalidade — demanda também uma mudança de coração e vontade e, ainda, a expressão da nossa consciência.

Embora haja pesquisas pioneiras em torno dessas tecnologias harmoniosas, elas são minúsculas se comparadas à emergência da necessidade atual. Meu livro *The Wave* discute tais desenvolvimentos e as possíveis soluções ambientais em mais detalhe, mas aqui vamos analisar a consciência e o biocampo de Gaia, como os antigos gregos denominavam o Espírito da Terra. Dessa forma, começaremos a perceber outras maneiras de sintonizar com ela, de escutar sua profunda sabedoria e aprender a viver em harmonia.

Da dominação à administração

Na busca de dominar os recursos da Terra, em vez de administrá-los, rompemos, por ignorância ou desleixo, os elementos do seu modo Gaia de ser. E até pouco tempo a ciência observava a Terra com uma mentalidade absurdamente reducionista e materialista.

Agora, como já vimos, a ciência está descobrindo a natureza holográfica do universo em todas as escalas da existência, desde as mínimas cordas que formam as "notas" fundamentais de energia e matéria até os sistemas complexos, como previsões climáticas e terremotos. Tal ressonância holográfica também está se revelando por todo o sistema biológico, de organismos individuais a ecossistemas, e seus padrões harmônicos são subjacentes a toda a evolução. A antiga percepção da parceria harmoniosa entre o meio ambiente natural e a vida biológica está sendo reavaliada e compreendida como inatamente evolutiva.

O trabalho pioneiro de James Lovelock, a primeira pessoa desde os antigos gregos a chamar a Terra pelo nome Gaia, conduziu a uma nova era de ecologia profunda e apreço por seus biorritmos. Lovelock estava entre os primeiros a identificar os meios intrincados e auto-organizadores com que Gaia conseguiu sustentar a vida biológica por cerca de 4 bilhões de anos, apesar de, pelo menos, quatro cataclismos — e cada um destruiu mais de três quartos da vida então existente. Em seu livro, *A vingança de Gaia*, ele reconhece também as conseqüências do abuso inescrupuloso que ocorre em nosso lar planetário.

Reverência

Compartilhamos nosso ecossistema com animais e plantas que nos alimentam e, portanto, nos sustentam, mas, mesmo assim, só algumas pessoas reverenciam esses seres e menos ainda reconhecem que eles podem ter sentimentos. Os naturalistas, entretanto, estão cada vez mais certos de que sim, os animais e as plantas sentem.

Descobriu-se que os animais têm emoções, inclusive amor, sofrem as perdas e sentem medo. Na verdade, como eles poderiam não ter sentimentos, pelo menos em algum grau, considerando que os cientistas estão tentando identificar cada emoção humana como um processo do desenvolvimento evolutivo?

136 O OITAVO CHACRA

Fechamos nosso olhar coletivo para o sofrimento dos animais. Os defensores dos métodos industriais de criação negam que tais procedimentos sejam cruéis, mas há provas irrefutáveis de que são. Então, como podemos continuar aceitando essa barbaridade?

Embora haja motivos ecológicos óbvios e razões pessoais de saúde para consumir substancialmente menos carne do que consumimos, a escolha de ingeri-la ainda é adequada. Nos últimos dez milênios, nós convivemos com animais domésticos para benefício mútuo. Somente na última metade de século é que nossa parceria tornou-se predominantemente abusiva. Não é necessário que seja assim. Há métodos humanitários para cruzar, criar e matar animais para alimentação. A criação industrial, contudo, é abominável. Além de os animais sofrerem, como já vimos, os padrões energéticos ficam impressos nas suas células. Assim, todo animal que é criado na infelicidade e morre com dor está passando aquelas emoções a todos que se alimentam de sua carne. Pense no efeito disso sobre a saúde humana.

A sensibilidade das plantas

Na década de 1960, o pesquisador Cleve Backster mostrou que as plantas também eram sensíveis, ou sencientes, e reagiam ao prazer e à dor. Entretanto, as experiências de Backster mostraram que as plantas respondiam imediatamente ao pensamento dele, em vez de reagirem à ação subseqüente. Quando ele meramente fingia causar dano a uma planta, não havia nenhuma reação — a planta parecia capaz de diferenciar entre a intenção real e a fingida. Backster conseguia detectar reações até mesmo quando uma folha caía do galho.

As plantas também reagiam a ameaças não formuladas. Backster descobriu que se uma planta sofresse uma ameaça extremamente perigosa ou danosa, ela "se fingia de morta", recolhendo-se a um profundo estado de hibernação.

Testes com detectores de mentiras feitos por Backster também mostraram que as plantas conseguiam distinguir verdades de mentiras. Outros experimentos apontaram que elas tinham memória e, uma vez sintonizadas com uma pessoa em particular, conseguiam manter aquela ligação, mesmo que a pessoa estivesse distante.

Outros pesquisadores, como Marcel Vogel, Randall Fontes e Robert Swanson, validaram as descobertas de Backster de que as plantas possuem um grau de sensibilidade perceptiva. E ao fixar eletrodos em células isoladas, amebas, fungos, culturas de bolor, biofilmes, sangue e esperma, o próprio Backster conseguiu mostrar que todos exibem reações semelhantes às das plantas.

Como tais investigações estão bem no início, é necessário metodologias aperfeiçoadas e pesquisas mais amplas para comprovar as afirmações dos poucos pesquisadores que realizam esse trabalho. Mesmo assim, a pesquisa preliminar confirma as histórias pessoais de todos os jardineiros de dedo verde que têm sensibilidade e senso de comunhão com suas plantas. Eles sabem que, ao se comunicarem com uma planta que está a ponto de ser colhida ou cozida, também podem tranqüilizá-la e assim prevenir qualquer energia de medo.

Na teia da vida, os papéis assumidos por diversas plantas são de benefício inestimável para nós. Tudo que elas parecem pedir em troca é que dignifiquemos seus dons e sejamos gratos, como fazem os povos primitivos em todo o mundo.

O verdadeiro preço dos alimentos

Atualmente, o restabelecimento de uma relação respeitosa com os animais e com as plantas que compartilham nosso lar planetário é urgente. O alimento que consumimos no Ocidente pode parecer bom, mas descobriu-se que possui apenas um quarto do valor nutricional dos alimentos existentes há duas gerações. Estamos comendo mais que nossos ancestrais e, mesmo assim, sofremos de desnutrição. Isto, aliado ao nosso estilo de vida e às opções de alimentos processados e quimicamente tratados — repletos de toxinas —, garante o fato de que o ser humano vem sendo, na melhor das hipóteses, progressivamente mal nutrido e na pior, envenenado.

Os métodos industriais perpetrados nas últimas duas gerações e o aumento exponencial dos alimentos processados têm nos levado a um nível de doença — obesidade, alergias, diabetes e doenças cardíacas — sem precedentes.

Sem incluir os custos relacionados à má saúde no verdadeiro preço dos alimentos, estamos nos iludindo completamente ao achar que são baratos. Se esses custos fossem acrescidos aos preços que pagamos pelos alimentos processados e cultivados de modo industrial e depois comparados aos preços equivalentes dos alimentos frescos e orgânicos, veríamos que os últimos são de fato mais baratos.

O mercado de alimentos processados se expandiu muito porque estamos também mais ocupados que nossos pais e avós, e percebemos esses alimentos como "rápidos" e convenientes. Embora superficialmente, se fôssemos acrescentar o tempo perdido com doenças e o encurtamento do tempo de vida, poderíamos observar quantos meses e anos eles realmente nos custam.

Se quisermos readquirir nossa saúde, devemos inverter imediatamente essa tendência amedrontadora, não só por nossa causa, mas por nossos filhos. Existe agora toda uma geração em crescimento que necessita passar por uma reeducação alimentar, se não quisermos que tenham uma expectativa e qualidade de vida pior que a nossa.

Nosso corpo é o cálice por onde nossa consciência explora o mundo físico. A incorporação dos níveis superiores de percepção, que agora estão disponíveis, requer maior preocupação com nosso bem-estar físico. E se estamos para realizar nosso destino, precisamos buscar saúde e equilíbrio interna e externamente.

O meio ambiente também sofre os custos prejudiciais dos métodos industriais, não só da produção de alimentos, mas praticamente de todas as tecnologias que foram desenvolvidas para explorar os recursos de Gaia. Para entender como podemos reconciliar e restabelecer nossa relação com a pulsante Terra, precisamos agora analisar o nono chacra, ou estrela terrena, localizado abaixo dos pés.

O chacra da estrela terrena

No capítulo anterior, discutimos como nossa consciência se conecta com a Terra no plano pessoal por meio do chacra da raiz. Quando, porém, começamos a acessar a percepção superior dos chacras transpessoais, precisamos consolidar essas energias mais poderosas na estrela terrena, e não no chacra da raiz. A razão disso é que, como uma árvore, quanto mais alto chegam nossos galhos energéticos, mais profundas precisam ser nossas raízes energéticas para nos manter assentados e seguros.

A conexão realizada pela estrela terrena também nos ajuda a acessar a consciência de Gaia e a sabedoria de seus domínios multidimensionais, como discutiremos no próximo capítulo.

140 O OITAVO CHACRA

Na página 272 há uma meditação sobre o chacra universal e a estrela terrena que o ajudará a sintonizar, integrar e assentar esses três aspectos transpessoais de si mesmo.

Seres eletromagnéticos

Somos, sem exceção, seres eletromagnéticos interagindo com nós mesmos e com o ambiente, principalmente por intermédio da ressonância das influências elétricas e magnéticas.

Nossa percepção da realidade não depende somente das informações que recebemos dos cinco sentidos. Certas energias ambientais podem se desviar desses sentidos e ressoar diretamente nos sistemas de energia do corpo para criar estados alterados de realidade, às vezes tão "reais" quanto a consciência em vigília.

Por exemplo, diferentes potências e freqüências dos campos magnéticos de baixo nível podem reduzir, interromper ou estimular a atividade cerebral. Além disso, já se associou o superestímulo produzido por correntes elétricas de baixo nível a ilusões e a alucinações visuais.

No início da década de 1980, descobriu-se que o campo magnético de Gaia também afeta a glândula pineal e o nosso relógio biológico. Quando estamos protegidos desse campo, nossos ritmos circadianos ficam significativamente dessincronizados. Na verdade, atualmente é comum as naves espaciais serem providas de geradores capazes de produzir um campo magnético de baixo nível para conservar os biorritmos naturais dos astronautas durante as longas viagens espaciais.

Não é só nosso cérebro que é afetado. O corpo humano atua como um sintonizador ressoando poderosamente com freqüências específicas de radiação eletromagnética. Além do cérebro, também são especialmente sensíveis o seio esfenoidal, o timo, o fígado, o baço, o coração, os pulmões e as hemácias do sangue.

Atualmente, campos magnéticos pulsados de baixa freqüência estão sendo utilizados para tratar fraturas ósseas, e ímãs para aliviar os sintomas de artrite e reumatismo. Pesquisas e histórias pessoais sugerem que a radioatividade natural pode provocar estados alterados na percepção do tempo, e em pequenas doses pode até trazer benéficos efeitos curativos.

A medicina tradicional já reconhece o poder de diagnóstico das tecnologias baseadas em campos eletromagnéticos. O poder dos raios X para ver o interior do corpo é utilizado há muito tempo. Agora, em combinação com o processamento computadorizado, as tomografias possibilitam a criação de imagens tridimensionais de tecidos e órgãos. Rastreamentos que utilizam ressonância magnética, atuantes nos átomos de hidrogênio dos líquidos orgânicos, também criam imagens internas incrivelmente detalhadas.

Novas técnicas que reconhecem o poder de cura e de promoção da saúde da luz e dos campos eletromagnéticos por meio da ressonância com os campos naturais do organismo continuam a surgir. Estima-se, por exemplo, que mais de sessenta por cento da população do Reino Unido sofram a dor e a deformação provocadas pelo vírus do herpes. Atualmente, um raio de luz infravermelho, fortalecendo o sistema imunológico, cura as feridas em menos da metade do tempo que qualquer outro remédio, e sem efeitos colaterais prejudiciais.

Ressonância Schumann

Gaia é, também, um ser repleto de energias de multifreqüência. Muitas dessas freqüências, tanto no interior da crosta terrestre quanto na atmosfera, são baixíssimas, correspondendo à de nossas ondas cerebrais. Isso significa que, em níveis abaixo do estado de vigília, estamos profundamente atrelados à consciência de Gaia.

Em 1952, W. O. Schumann descobriu que dentro da atmosfera e em torno da Terra há um padrão harmônico contínuo de ondas estacionárias criando um campo energético com uma freqüência ressonante de 7,83 ciclos por segundo. Denominada "ressonância Schumann", sua freqüência fundamental se correlaciona aos ritmos alfa de médio alcance do cérebro — o alcance das freqüências exibidas quando estamos em estado meditativo. E após a descoberta de Schumann as medidas dessa ressonância ambiental inata também revelaram tons mais elevados de sua freqüência básica, sendo que todos estão ao alcance das ondas cerebrais humanas.

Inversões do pólo magnético

O campo eletromagnético de Gaia é crucial para a vida biológica sustentada por ela. Mas como esse campo surgiu e tem subsistido por quase 4 bilhões de anos continua sendo um mistério para a ciência. Embora os geólogos saibam que o núcleo externo de Gaia, de ferro fundido entremeado por minerais preciosos como platina e ouro, atua como um geodínamo, ainda desconhecem de que modo isso se dá.

Periodicamente, entretanto, a polaridade do campo magnético de Gaia se inverte. Assim, o que agora é o norte magnético já foi o sul — e será de novo, possivelmente muito em breve. Atualmente, o pólo magnético norte está a mais de 1.600 quilômetros de distância do Pólo Norte geográfico. O norte magnético está se movendo com grande rapidez —

para os processos geológicos —, cerca de 40 quilômetros por ano, e atualmente está perto da costa oeste da Groenlândia. A força do campo magnético também se reduziu num ritmo acelerado, cerca de dez por cento nos últimos 150 anos. Esses dois fatos são sinais de que uma inversão polar é iminente — para dizer a verdade, já passou do tempo. No passado — a última há 700 mil anos —, todo o processo de inversão levou aproximadamente 4 mil anos.

Com base nos registros fósseis, sabemos que tais inversões não parecem exercer um efeito nocivo sobre os animais. Na verdade, nossos ancestrais hominídeos caminharam sobre a Terra durante a última. Mas os registros são incapazes de mostrar quais foram os efeitos sobre a consciência no passado, ou os que poderão ser no futuro. Embora ainda seja incerto, é possível que essa inversão magnética desencadeie mudanças na consciência e, como veremos, os metafísicos prevêem que essa alteração ocorra em 2012 ou 2013.

Não deveríamos, contudo, nos esquecer de que para certas criaturas terrestres, como os pássaros migratórios e as baleias, a redução e a inversão dos guias magnéticos poderão ter conseqüências tristes, sérias e inevitáveis.

Trilhas do dragão

Assim como os meridianos energéticos fluem pelo corpo, canais similares também interconectam ao corpo energético de Gaia. Os antigos chineses denominavam essa rede de *lung mei*, ou "trilhas do dragão", e procuravam construir suas casas fora do caminho delas.

Em 1921, um empreendedor inglês, Alfred Watkins, num momento de clarividência, viu a paisagem de sua terra natal, Herefordshire, mapeada por linhas que ele denominou de *leys*, que em inglês arcaico significa "clareiras", as pradarias das florestas que cobriam a terra milênios antes. Ele percebeu essas trilhas retas como se seguissem antigos caminhos e ligassem sítios de longa data.

Conforme o interesse nesses alinhamentos aumenta, os radiestesistas começaram a sentir as energias terrestres associadas a tais linhas. Mas, diferente dos alinhamentos retos de Watkins, essas *leys* de energia eram sinuosas e afins como o *lung mei* dos geomantes chineses, ou mestres do dragão.

Nos últimos 50 anos, os geomantes ocidentais também descobriram que uma grade de energia abrange toda Gaia, e que as energias sutis de seu biocampo têm a forma de um dodecaedro. Esta é a quinta das cinco formas sólidas elementares que os antigos geômetras consideravam como moldes idealizados das formas físicas e sua interação com o Espírito. Essas cinco formas são chamadas de "sólidos platônicos", por causa do filósofo grego Platão. Dois milênios e meio atrás, ele foi o primeiro a descrever suas propriedades geométricas e a atribuir um elemento primário — Terra, Água, Ar e Fogo — a cada uma. À quinta forma, o dodecaedro, com seus 12 lados, ele atribuiu o elemento éter — uma energia universal onipresente, cuja existência está sendo reavaliada pelos cosmólogos.

Platão também foi o primeiro a descrever a grade de Gaia como um dodecaedro. Na década de 1970, três cientistas soviéticos, Nikolai Goncharov, Vyacheslav Morozov e Valery Makarov, anunciaram a descoberta de uma grade de energia terrestre correspondente a essa antiga compreensão. Em termos físicos, ela se iguala às principais linhas eletromagnéticas em volta do globo. Até certo ponto, também está coligada à formação das placas tectônicas, sobre as quais os continentes se deslocam e que permitem à Gaia uma contínua reciclagem e o reabastecimento das rochas de sua crosta, garantindo, assim, o sustento da fertilidade da vida biológica.

Água

A água constitui cerca de dois terços da superfície de Gaia e também do corpo humano. É essencial à vida, possui capacidades extraordinárias de transportar e transformar energias e pode reter memória.

Desde 1994, o cientista japonês Dr. Masaru Emoto vem estudando a natureza da água e descobriu que ela reage tanto às condições ambientais quanto às emoções humanas.

Congelando e depois fotografando gotas de água de diversas fontes, Emoto obteve notáveis imagens revolucionárias. Ele descobriu que a água pura de uma nascente, como a encontrada num regato de montanha, forma cristais de gelo de primorosa delicadeza e geometria simétrica, e que a água obtida em fontes poluídas exibe cristais malformados, um desvio de sua perfeição original.

Indo mais adiante, Emoto colocou uma variedade de estilos musicais para as amostras de água pura e depois congelou e fotografou as gotas. Ao observar as imagens congeladas, ele viu o modo como as diferentes músicas afetam energeticamente o líquido do nosso próprio organismo. Enquanto os cristais de gelo da água exposta à música clássica ou às melodias folclóricas incorporavam sua simetria harmônica, os expostos ao *heavy metal* e ao rock eram, como a água das fontes poluídas, distorcidos como se estivessem sentindo dor.

A pesquisa de Emoto é um acréscimo à crescente consciência de que como seres inatamente ressoantes, somos profundamente afetados pelas energias do meio ambiente.

Geomancia

Nosso estilo de vida atual e nossa visão ocidental nos insensibiliza para quaisquer energias que possam prevalecer no

146 O OITAVO CHACRA

meio ambiente e até encoraja a depreciação de sua existência. Contudo, por milhões de anos nossa espécie em evolução esteve intimamente ligada ao mundo natural.

Nossos antepassados reconheciam o significado energético de certos lugares e, às vezes, os representavam por meio de criações artísticas, que têm sido encontradas nos profundos recessos das escuras cavernas da Espanha e do sul da França, datando de até 34 mil anos atrás. As imagens e os trabalhos na rocha ao ar livre com até 5 mil anos de idade revelaram o uso desses lugares especiais para manifestações psico-espirituais.

A pesquisa ambiental nos sítios de significado ancestral ainda está engatinhando. Mas as provas científicas acumuladas sugerem que a interação humano-ambiental nesses locais, tanto natural quanto em forma de monumentos, pode abarcar efeitos energéticos mais sutis também. Tais interações são conhecidas pelos poucos povos primitivos ainda na Terra, como os aborígines da Austrália, cujas tradições geomânticas e cujo conhecimento do *Tjurkupa*, ou Hora do Sonho, podem chegar a 40 mil anos de existência.

Embora o moderno estudo científico das energias terrestres seja embrionário, as ciências sagradas do feng shui na China e do *vaastu* na Índia, assim como diferentes formas de geomancia em outros lugares, estudam há milênios as energias sutis de Gaia e comungam com seu espírito para levar harmonia e bem-estar a pessoas e lugares. É inevitável que certos aspectos das antigas tradições sejam específicos a suas culturas e épocas, mas grande parte do que foi entendido tem aplicações, portanto, é tão relevante hoje como foi há milênios.

Desde a década de 1960 tem havido um crescente interesse pela geomancia e um aperfeiçoamento progressivo de sua prática. Hoje em dia, há sociedades nacionais de radiestesistas no Reino Unido, nos Estados Unidos e numa série de outros países. Na Europa, o ensino das tradições geomânticas a estudantes de arquitetura, e àqueles ligados a edificações, vem se popularizando — e numa época muito oportuna, pois nosso ambiente edificado está mais tóxico do que nunca, e tanto o solo quanto as construções geralmente sofrem com o estresse geopático.

Estresse geopático

Embora nosso ambiente natural seja abundante e benevolente, Gaia produz formas de radiação que podem ser prejudiciais. Os meridianos da Terra também podem ficar obstruídos ou desequilibrados de alguma forma. Tal perturbação geomagnética é geralmente denominada "estresse geopático".

Algumas pessoas são mais sensíveis a tal estresse e suscetíveis a doenças engendradas por ele. Isso acontece quando alguém está sob estresse em decorrência de outros fatores, e o sistema imunológico se encontra comprometido. Outros que são bastante vulneráveis, e assim correm um risco maior, são as crianças pequenas e os idosos.

Os pesquisadores europeus foram os primeiros a determinar as relações entre o estresse geopático e a doença humana. Um estudo bem conhecido foi realizado na década de 1930, em Vilsiburg, no sul da Alemanha, por um radiestesista, o barão Gustav von Pohl. Praticando a radiestesia nas casas da cidadezinha, von Pohl conseguiu, com cem por cento de precisão, identificar as incidências de câncer entre os habitantes. Ao medir, por meio da radiestesia, o grau de estresse geopático nos locais onde ficavam as camas das pessoas com câncer, ele também conseguiu localizar onde o câncer se desenvolvera no organismo.

Um pequeno distrito suíço leva o problema do estresse geopático tão a sério que chega a oferecer uma subvenção para os custos de uma pesquisa radiestésica antes da construção de qualquer casa. A licença para construir só é concedida após a realização desse procedimento.

Falhas geológicas e água subterrânea

O estresse geopático tem uma série de causas específicas. Na crosta terrestre, as duas causas principais são as falhas geológicas e a água subterrânea.

Os níveis de atividade eletromagnética produzidos pela pressão nas falhas geológicas são bem conhecidos pelos geólogos, que medem o nível superficial de ionização para identificar essas falhas e, assim, localizar minerais, inclusive petróleo, que costumam estar ligados a elas.

Tal ionização, cujos níveis aumentam de modo significativo à noite, pode conter quantidades consideráveis de partículas radioativas e raios gama de alta freqüência — nocivos à saúde humana. Exposições constantes a esses raios podem causar câncer.

Explosões eletromagnéticas que emanam dessas falhas também podem ser uma das causas das chamadas "luzes terrestres", que têm evidências anedóticas em todo o mundo. O folclore de tal fenômeno atesta sua capacidade de engendrar estados alterados de consciência e experiências visionárias.

Mas a causa prevalecente do estresse geopático é a água subterrânea.

Embora a arte da radiestesia seja realmente conhecida pela sua capacidade de localizar água subterrânea, ainda não há uma teoria que explique, satisfatoriamente, como a água chega onde está. Os geólogos, entretanto, sabem agora que nos solos oceânicos de Gaia há valas percorrendo milhares de quilômetros onde as rochas são recicladas para o interior e exterior do magma fundido subjacente à crosta terrestre. A água do mar, em alta pressão, é componente integral desses processos de subdução.

Embora ainda não esteja provado, essa água pressurizada pode acabar encontrando seu caminho através de fissuras e rachaduras até se aproximar da superfície terrestre. A teoria atual é que aqui, devido à impermeabilidade das rochas de superfície, a água pressurizada é incapaz de subir e é forçada a se propagar horizontalmente.

Os radiestesistas chamam esses sítios de "fontes cegas". Elas geram poderosas energias e muitas foram detectadas sob igrejas e antigos sítios sagrados.

Entretanto, a água também é um veículo de energia incrivelmente eficaz. Portanto, se as energias subterrâneas estiverem poluídas ou estagnadas, ou se a água passar por um veio de minerais altamente radioativos, pode resultar em estresse geopático.

Sítios sagrados

No início da era neolítica, as pessoas começaram a modificar a Terra. Lugares naturais, considerados especiais, eram realçados e monumentos começaram a ser construídos em locais de prévia significância.

Atualmente, um número crescente de pesquisadores procura entender a ressonância energética desses antigos sítios. O objetivo deles é avaliar de modo mais profundo seu propósito e entender a ciência sagrada de suas construções.

Na década de 1980, o Dragon Project, coordenado pelo pesquisador Paul Devereux, reuniu especialistas das mais diversas disciplinas para determinar anomalias energéticas nos sítios sagrados da Grã-Bretanha.

As descobertas preliminares identificaram uma série de anomalias energéticas, especialmente níveis elevados de radioatividade natural, efeitos magnéticos e piques de energias ultra-sônicas em certos momentos, sugerindo a localização intencional dos megálitos para marcar e, possivelmente, realçar esses efeitos naturais.

Desde então, radiestesistas, entusiastas dos mistérios terrestres e geomantes continuam a explorar esses sítios, cada um acrescentando algo ao nosso repertório sobre a Terra.

Espíritos do local

Para muitos pesquisadores, o que se inicia como uma busca científica acaba se transformando em busca espiritual, à medida que a magia de tais sítios vai lhes tecendo o caminho da percepção. E os sensitivos que visitam sítios sagrados sempre relatam a presença de seres desencarnados nesses locais.

Esses "espíritos do local" são sentidos de muitas formas. Alguns parecem ser guardiões dos sítios, tendo vivido e estado ali a serviço de seus objetivos sagrados. Outros são seres elementares ou Devas, um antigo nome sânscrito que significa "os brilhantes".

Voltaremos aos Devas no Capítulo 12, em que discutiremos o modo de ouvir sua sabedoria milenar e aprenderemos como diagnosticar e dissolver energias desequilibradas e o estresse geopático do meio ambiente. Aqui, compartilho a história verídica de um grupo de pessoas que decidiu aprender a sabedoria dévica por conta própria.

Os fundadores da comunidade de Findhorn ultrapassaram os jardineiros de dedo verde quando, na década de 1960, começaram a, conscientemente, se comunicar com os espíritos da natureza para co-criar um jardim numa ponta de terra arenosa e assolada pelo vento, no norte da Escócia.

Como tinham pouco dinheiro, plantar os próprios legumes e as próprias hortaliças era muito importante para eles, mas as condições adversas e o solo empobrecido tornavam o projeto desanimador e as perspectivas incertas.

Uma das fundadoras da comunidade, Dorothy Maclean, começou a se comunicar com os Devas do reino vegetal e depois com o Deva responsável por aquela área, um ser que ela chamava de "Anjo da paisagem". Graças a outros contatos clarividentes e à disposição que eles tinham para seguir a orientação dos mentores dévicos, Findhorn conseguiu fartas colheitas por muitos anos.

Círculos ingleses

Outro precursor da nossa percepção mutante de Gaia, e de nós mesmos, é o fenômeno dos círculos ingleses. Até agora já houve cerca de 12 mil relatos a respeito desses "templos temporários" em todo o mundo.

Sua manifestação data de séculos, mas só nas últimas décadas que a chegada sazonal de vastas e intrincadas formações provocaram reações que variam do assombro ao desdém.

A principal localização desse fenômeno mundial é a paisagem do sul da Inglaterra. Ali, nas terras onduladas do cenário sagrado em torno do grande círculo neolítico de Avebury e seu companheiro geomântico, o maciço de Silbury Hill, foram encontradas as mais intrincadas formações.

152 O OITAVO CHACRA

A criação de círculos nas plantações parece envolver vórtices eletromagnéticos e energias sônicas. Tais energias teriam de ser coerentemente focadas para criar os padrões geométricos e outras figuras complexas que têm caracterizado as formações nos últimos 15 anos aproximadamente.

As impressões biológicas dessas energias também foram percebidas. Os poros de transpiração, geralmente microscópicos, das hastes das plantas afetadas aumentaram de tamanho numa razão superior a cem — como se tivessem explodido a partir da liberação de altas energias do seu interior. E embora as plantas afetadas dessas mandalas vivas permanecessem incólumes, os padrões subseqüentes de crescimento a partir de suas sementes mostram diferenças significativas em relação às sementes das plantas não afetadas no mesmo campo.

O solo dentro dos círculos também é afetado, e análises geológicas atestam que os minerais argilosos se cristalizaram como se tivessem sido expostos a calor e pressão.

O interessante é que nenhum desses efeitos foi observado em amostras de plantas e solo retiradas de fora das formações estudadas.

Mas por que os círculos foram criados e por quem são perguntas sem respostas. Apesar das declarações de supostos "embusteiros", as provas acumuladas não confirmam a atuação humana como sua única e facilmente rejeitável causa. Minha própria percepção, e a de muitos outros geomantes, é que o fenômeno seja uma co-criação dos domínios de Gaia, do nosso inconsciente coletivo e, possivelmente, de extraterrestres, sinalizando a chegada da Mudança de consciência. Se estivermos preparados para ouvir a mensagem, esse sinalizador utiliza a linguagem arquetípica dos símbolos e da harmonia geométrica — a linguagem do holograma cósmico.

Por experiência própria, estando preparada não só para ouvir sua mensagem, mas também para escutá-la, fui repetidamente presenteada com vislumbres intuitivos e uma sensação de estar sendo nutrida por Gaia. Os círculos ingleses têm me orientado ao longo do caminho da cura interior, assim como fazem a outros. Além disso, com sua ajuda, fiquei mais sensibilizada às energias sutis e à voz oculta do Espírito.

Descobri que, pela minha disposição de escutar, tenho progressivamente conseguido comungar e receber a sabedoria dos Devas, dos elementares de Gaia e dos guardiões etéreos dos antigos sítios sagrados.

A Grade unitária de Gaia

Estamos cada vez mais conscientes de que a Terra é uma entidade viva. Na Antiguidade, místicos e geomantes perceberam que havia uma grade de energia geométrica com 12 quadros circundando a Terra. Eu a chamo de "Grade unitária" porque, como um microcosmo holográfico do universo, ela retém a "memória" sempre presente da totalidade da criação física e ressoa com a chegada da Mudança de consciência e com a incorporação do destino futuro de Gaia e de nós mesmos.

Assim como a humanidade evolui coletivamente em consciência, acontece com Gaia, e vice-versa. E quando expandimos nossa percepção, não só nos religamos à Gaia, como entramos em ressonância com as energias da Grade unitária.

Até este ponto, os radiestesistas analisaram os meridianos energéticos de Gaia e perceberam a incorporação das polaridades masculina e feminina, positiva e negativa. Agora, contudo, o aspecto "infantil" da trindade cósmica fundamental — seu princípio neutro ou criativo — está ficando cada vez mais ativo, já que uma nova era cósmica se apronta para nascer.

Gaia

Gaia é um ser vivo e, como nosso lar planetário, é nossa companheira co-evolutiva. Já vimos como fundamentalmente ressoamos com seus ciclos e energias e como nossa inter-relação holográfica vem sendo progressivamente redescoberta pela ciência. A Mudança iminente de consciência não é apenas nosso destino coletivo, mas o de Gaia e de todos os seus domínios. Ao acessar a percepção do oitavo chacra e de outros superiores, conseguimos restabelecer nossa relação com ela e escutar sua sabedoria e orientação nesses tempos tumultuados.

De fato, quanto mais comungarmos com ela, mais conseguiremos aquietar nossos temores e nossa agitação interior, percebendo que ela e nós somos companheiros nessa viagem cósmica.

No Capítulo 12, retornaremos ao modo de restabelecer conscientemente nossa relação com Gaia, ouvindo as vozes de seus domínios dévicos e angélicos e escutando sua sabedoria. Exploraremos também o modo de curar desequilíbrios energéticos e o estresse geopático ao qual nosso ambiente pode estar sujeito.

Mas agora vamos explorar a matriz da consciência do nosso Sistema Soular e descobrir como o Sol, a Lua e os corpos celestes também interagem conosco em níveis profundos.

CAPÍTULO 8

Ondas cósmicas

O UNIVERSO HOLOGRÁFICO E CONSCIENTE RELACIONA-SE energeticamente consigo mesmo em todas as escalas e níveis da experiência. Cada Sistema Solar — ou Soular — é, essencialmente, uma alma grupal, um holograma auto-relacionado dentro do qual as experiências da alma individual e coletiva se desenrolam.

Nosso próprio Sistema Soular, formado há 4,5 bilhões de anos, é um ambiente maravilhoso para nós, como seres espirituais, explorarmos a experiência física. Cada vez mais as pesquisas sustentam a probabilidade de a vida física ter sido implantada na Terra a partir do espaço sideral. Sabe-se também que a poeira que compõe nosso sistema originou-se da morte agonizante de estrelas — na verdade somos sementes estelares.

Nosso Sistema Soular

O nosso Sistema Soular tem a forma de um disco achatado, com o Sol em seu centro e todos os planetas, inclusive

156 O OITAVO CHACRA

a Terra, girando a sua volta na mesma direção e aproximadamente no mesmo plano. Como visto da Terra, as órbitas
dos outros planetas pelos céus ficam a poucos graus de in-
clinação em relação ao Sol, o que os astrônomos chamam de
"eclíptica", plano orbital da Terra.

Em razão do giro inclinado da Terra sobre o próprio
eixo, percebemos todos os caminhos planetários e a própria
eclíptica como ondas que parecem nos rodear nos ciclos de
suas órbitas.

Os antigos observadores de estrelas entreviam contornos de deidades e animais no céu e por volta de 500 a.C. já
haviam incorporado 12 desses padrões estelares ou constelações ao longo do círculo de 360 graus da eclíptica. Cada seção de 30 graus do céu é conhecida pelo nome de um desses
12 signos do chamado zodíaco, que forma o pano de fundo
estelar para o percurso anual do Sol, da Lua e dos planetas
pelos céus.

Os ciclos astrológicos relacionados ao zodíaco têm início
com o signo de Áries, quando o Sol se eleva no equinócio
de março. Continuam com Touro, Gêmeos, Câncer, Leão,
Virgem, Libra, Escorpião, Sagitário, Capricórnio e Aquário,
antes de se completar com o signo de Peixes.

Com o tempo, as características atribuídas a cada signo
evoluíram para criar o que Carl Jung considerou a maior
ferramenta de análise psicológica conhecida pelo homem.
Cientistas do porte de Isaac Newton e Albert Einstein também achavam que os vislumbres astrológicos ofereciam uma
profunda compreensão da personalidade humana.

Aqui precisamos enfatizar que o Sistema Soular como
matriz holográfica da consciência é referente a ele próprio,
portanto as características relativas a cada signo zodiacal representam as influências que se aplicam àquela seção da ma-

triz e não às das estrelas muito mais distantes que produzem os padrões zodiacais.

Re-lembrança cósmica

Em termos astrológicos, o Sol, a Lua e os cinco planetas visíveis a olho nu — Mercúrio, Vênus, Marte, Júpiter e Saturno — ressoam o campo energético baseado na personalidade por meio da mediação dos sete chacras. Suas influências energéticas na hora e no local de nascimento criam um acorde astrológico que é único para cada pessoa. Além disso, nos últimos 200 anos, ao mesmo tempo que temos cada vez mais nos reunido no plano global, os planetas mais distantes, Netuno, Urano e Plutão, foram descobertos. Esses planetas levam muito mais tempo para orbitar o Sol do que os planetas "pessoais". Assim, embora incorporemos sua influência individualmente, acredita-se que suas ressonâncias astrológicas primárias se dêem em termos de geração e coletividade.

Para os astrólogos, a descoberta em 1977 de Quíron, um planetóide cuja órbita fica entre as de Saturno e Urano, representou uma ponte energética entre a psique pessoal e a coletiva da humanidade. E isso tem sido interpretado como uma oferta da chave para a cura interior.

Tal ressonância se reflete no nome do planetóide, pois na mitologia grega Quíron era o mais sábio dos centauros — meio cavalo e meio homem — e mestre do grande curandeiro Asclépio. O próprio Quíron foi ferido, mas, como imortal, teve de carregar seu ferimento pela eternidade.

Além disso, em outubro de 2002, a Nasa anunciou a descoberta do primeiro planeta transplutoniano, um de muitos que agora estão sendo descobertos nos espaços mais remotos do Sistema Soular e cujas origens de sua fragmentação primígena datam de 4,5 bilhões de anos.

Milênios antes da invenção do telescópio, os sumérios já pareciam conhecer *todos* os corpos planetários do Sistema Soular. Uma tabuleta de argila datando de antes do primeiro milênio parece representar um sistema que consiste do Sol, da Lua e de um séquito de dez planetas, inclusive a Terra — um Sistema Soular de 12 corpos. Dado que, além da Terra, apenas sete corpos astronômicos estariam visíveis para os sumérios, como é que eles sabiam dos planetas que, em teoria, só foram descobertos milênios mais tarde?

Ainda mais intrigante é o fato de a astronomia moderna reconhecer que o séquito do Sol se constitui de apenas nove planetas, contando com a Terra, não dos dez representados na tabuleta suméria.

Segundo o antiquário Zecharia Sitchin e outros pesquisadores, antigos mitos sumérios também se referem a esse décimo planeta e a um Sistema Solar resultante de 12 corpos. Os mitos descrevem o caos perturbador ocorrido com a entrada desse 12º corpo no Sistema Soular, acabando por provocar uma colisão catastrófica que levou à formação do cinturão de asteróides. Não seria o planetóide Quíron um remanescente desse cataclismo e assim um remanescente energético desse 12º planeta?

Os astrólogos vêem Quíron como aquele que nos traz a consciência das feridas internas e facilita a cura nos planos individual e coletivo. Será que os destroços primígenos, espalhados pelo Sistema Soular em conseqüência dessa antiga catástrofe, estão emergindo agora em nossa consciência como o 12º harmônico da consciência coletiva porque estamos preparados para re-lembrar nossa própria psique desmembrada? Tudo indica que quando acessamos progressivamente o campo energético da consciência unitária dos 12 chacras, nossa jornada para a totalidade se faz em parceria com aquela empreendida pela consciência holográfica de todo o Sistema Soular.

Nossa jornada astrológica

Como uma matriz harmônica de consciência, todo o nosso Sistema Soular incorpora vida. As posições do Sol, da Lua e dos planetas nos signos do zodíaco, e como estão interagindo na hora e no local do nascimento, formam o padrão holográfico de influência indicado no mapa astrológico.

Os astrólogos vêem o padrão de interferência da correspondência entre os padrões arquetípicos incorporados no Sistema Soular e a consciência humana individual como constituinte da nossa personalidade. E se a hora e o local do nascimento são precisos, o padrão incorporado por cada indivíduo é único.

A astrologia possui muitas nuanças e os astrólogos podem passar toda uma vida explorando-as. Contudo, os princípios fundamentais são de fácil compreensão. Então vamos descobrir como eles engendram a matriz energética da nossa personalidade. A compreensão das influências energéticas de cada um dos 12 signos zodiacais, dos corpos planetários e dos principais aspectos que formam entre si fornece uma visão mais profunda do nosso caráter, permitindo, assim, nossa contínua jornada à consciência.

Simetria dupla

Na matriz de 12 quadros fundamental do Sistema Soular, a dança cósmica do Sol, da Lua e dos planetas agrega on-

160 O OITAVO CHACRA

das cíclicas que por sua vez agregam simetrias duplas, triplas e quádruplas.

Existem três expressões primárias da simetria dupla fundamental em que vários aspectos astrológicos formam parcerias e polaridades.

A primeira delas é a parceria formada entre os signos afastados seis meses um do outro e, portanto, face a face na cúpula celeste. Assim, Áries faz parceria com Libra, Touro com Escorpião e assim por diante, até a sexta parceria, entre Virgem e Peixes. Ao analisar a influência de cada signo em que se localiza o Sol, a Lua ou um planeta específico na época do nascimento, é preciso observar também a influência mais sutil, contudo intrínseca, de seu parceiro.

A segunda expressão é a polaridade da luz, como representada pelo hemisfério do céu acima do horizonte na hora do nascimento, e da sombra, o hemisfério abaixo do horizonte naquela hora. Os planetas acima do horizonte terão maior influência na personalidade, enquanto a influência dos que estão abaixo será mais sutil.

Na terceira expressão, como há 12 signos zodiacais, começando com Áries, eles são classificados em ativos ou passivos. Assim, os signos de Áries, Gêmeos, Leão, Libra, Sagitário e Aquário supostamente incorporam o arquétipo ativo, ou masculino, enquanto Touro, Câncer, Virgem, Escorpião, Capricórnio e Peixes constituem o princípio passivo, ou feminino.

Qualidades triplas

A simetria tripla é plena de qualidades energéticas que refletem a compreensão inata de que todas as experiências são ondas que se formam, se fortalecem e, depois, se dissolvem. Em termos astrológicos, o zodíaco reflete essa qualidade três-em-um da experiência em signos "cardeais" (Áries, Câncer, Libra e Capricórnio), associados à iniciação de atividades; signos "fixos" (Touro, Leão, Escorpião e Aquário), associados à sua total expressão e manifestação; e signos "mutáveis" (Gêmeos, Virgem, Sagitário e Peixes), associados à sua integração.

Elementos quádruplos

A divisão final do zodíaco é a simetria quádrupla, representada pela incorporação das características energéticas dos quatro elementos arquetípicos: Fogo, Terra, Ar e Água. Aqueles que pertencem aos signos de Fogo (Áries, Leão e Sagitário) são vistos como entusiastas e extrovertidos. Os signos de Terra (Touro, Virgem e Capricórnio) associam-se à cautela e praticidade, os signos de Ar (Gêmeos, Libra e Aquário) à clareza mental e comunicação, e os signos de Água (Câncer, Escorpião e Peixes) à sensibilidade e empatia.

O ciclo astrológico

O Sol inicia cada ciclo astrológico anual elevando-se no signo zodiacal de Áries, o carneiro, no equinócio de março. Áries é um signo cardeal, ativo e que incorpora o elemento Fogo. Como tal, suas qualidades energéticas são dinamismo, entusiasmo e franqueza. Se houver grande concentração de planetas nesse signo, suas energias poderão se expressar como agressividade, ditatorialismo e egoísmo.

O segundo signo, Touro, é um signo passivo, fixo e da Terra. Sua energia é estável, paciente e orientada para a segurança e o materialismo. Os taurinos costumam ser práticos e dotados de bom senso. No entanto, um mapa que tenha um

162 O OITAVO CHACRA

acúmulo de planetas em Touro pode indicar teimosia e uma visão demasiadamente materialista.

O signo de Gêmeos, designado como um signo ativo, mutável e do Ar, é comunicativo e possui diversos interesses. Uma ênfase de planetas nesse signo pode tornar a pessoa superficial, incapaz de se concentrar em qualquer atividade e facilmente entediada.

Câncer, o caranguejo, o quarto signo, é passivo, cardeal e pertence ao elemento Água. Suas energias são emocionais, nutridoras e intuitivas. Contudo, quando enfatizadas num mapa, podem significar mau humor e a tendência, como a do caranguejo, de se recolher ao ser ameaçado.

Leão é um signo do Fogo, ativo e fixo. Determinado e poderoso, precisa expressar sua criatividade ao mundo para sentir-se realizado. Se um leonino for obrigado a esconder os próprios méritos, ele é capaz de incendiar um celeiro! Ao se expressar exageradamente, esse signo pode querer chamar a atenção e provocar rupturas.

O signo de Virgem é do elemento Terra, passivo e mutável, e suas energias são de caráter prático, analítico e organizado. Embora geralmente consigam expressar essas energias com inteligência e talento, os virginianos poderão ser excessivamente críticos ou pudicos se houver aspectos fortes entre os planetas.

O próximo signo, Libra, a balança, é do Ar, ativo e cardeal. Como sugere seu arquétipo, suas influências energéticas são equilibradas, diplomáticas e voltadas à justiça natural. Contudo, um excesso de planetas nesse signo poderá resultar numa personalidade ressentida e indecisa.

O signo de Escorpião é passivo, fixo e da Água. Geralmente com altos níveis de recursos físicos e emocionais, as energias escorpiônicas são emocionalmente intensas e, se não forem preenchidas, a pessoa se torna ciumenta ou inquieta.

O signo de Sagitário, o centauro — meio cavalo, meio homem —, é ativo e mutável, e do Fogo, tendendo a combinar força física com um poderoso intelecto. Expansivo e versátil, esse signo necessita de diversidade e desafio. Em busca constante, se frustrará se sua busca for restringida.

O décimo signo, Capricórnio, o cabrito, é passivo, cardeal e da Terra. Geralmente, é ambicioso e procura fazer o que é "certo". Consciente do status e estruturado, ele estabelece metas e trabalha cuidadosamente para alcançá-las, especialmente no contexto dos negócios e da carreira. Uma expressão exagerada de suas energias pode levar ao autoritarismo.

O signo de Aquário, o aguadeiro, é ativo, fixo e do Ar, e suas energias são inovadoras e individualistas. Geralmente incorporadas pelos pioneiros, as energias desse signo necessitam de liberdade e da companhia de pessoas de mente semelhante. Quando fortemente visíveis, contudo, essas energias podem se expressar como imprevisibilidade ou excentricidade.

Peixes, o 12º e último signo, é passivo, mutável e da Água. Suas energias caracterizam-se pela compaixão e são espiritualmente intuitivas. Mas, embora os piscianos possam ser inspirados, também podem ser excessivamente impressionáveis e contrair algum tipo de vício.

Sol, Lua e Ascendente

A posição do Sol, da Lua e dos planetas na hora do nascimento corresponde a uma motivação ou função psicológica específica, que então é direcionada pelas energias do signo zodiacal em que se encontra.

164 O OITAVO CHACRA

Três das indicações mais significativas do nosso mapa astrológico vêm da posição do Sol, da Lua e do chamado signo Ascendente.

A posição do Sol na hora do nascimento reflete a identidade externa da nossa personalidade nesta vida — como o Sol, simboliza o nosso modo de brilhar. O signo do qual se irradiam as energias solares indica como encaramos a vida. Os outros planetas que com ele se relacionam nos mostram como nosso senso de identidade se integra aos outros aspectos da psique.

A Lua reflete o Sol astrologicamente, como ele a reflete astronomicamente. Simboliza nossos sentimentos e reações instintivas. No mapa astral, sua posição mostra os aspectos que precisamos aceitar em nós mesmos e revela o modo de responder à vida da forma mais eficiente possível. Seu alinhamento com outros planetas revela a interação dos sentimentos com outros aspectos de nós mesmos.

O Ascendente não é um corpo planetário, mas o signo zodiacal que se eleva a leste do horizonte na hora do nascimento. Suas energias influenciam como co-criamos nosso caminho pela vida; define a base de nossa personalidade, como nos adaptamos ao nosso ambiente e nos revelamos a nós mesmos.

Embora a maioria das pessoas saiba qual é seu signo solar, que é o utilizado pelos horóscopos dos jornais e das revistas, não sabe que compreender os signos da Lua e do Ascendente é igualmente significativo e crucial para adquirir uma compreensão equilibrada da própria personalidade. A análise da combinação de suas influências permite um melhor conhecimento de si mesmo, como também equilibrar e harmonizar suas energias na psique e, portanto, na vida.

Os planetas pessoais

Agora tratemos dos planetas do nosso Sistema Soular e suas associações com outras características da experiência humana.

Até o século XVIII, os astrônomos eram, invariavelmente, astrólogos também. Os antigos gregos deram aos planetas nomes correspondentes às suas divindades, e que incorporavam seus arquétipos. A denominação dos planetas, como conhecemos, é uma versão romanizada das divindades gregas.

Mercúrio, o mensageiro dos deuses, é o planeta mais próximo do Sol e simboliza a comunicação. Sua posição em nosso mapa astral representa como nos expressamos, e também nosso modo de pensar. Está associado às viagens. Quando, aparentemente, anda para trás, ou está em movimento retrógrado, o que ocorre várias vezes por ano, é provável que a comunicação cause algum transtorno, e planos de viagem de todo tipo não se concretizem. Durante esses períodos, é útil verificar os detalhes e até, se possível, adiar questões importantes para um momento mais propício.

O planeta Vênus é o segundo mais próximo do Sol e astrologicamente representa os relacionamentos e o que nos dá prazer. Geralmente, num mapa masculino, a posição de Vênus também reflete uma imagem feminina ideal pela qual se sente naturalmente atraído.

O simbolismo planetário de Marte, o deus romano da guerra, relaciona-se à atividade, aos impulsos, à agressão e à sexualidade. No mapa, ele nos mostra como nos afirmamos e a natureza dos nossos desejos. Complementando a posição de Vênus num mapa masculino, a posição de Marte num mapa feminino reflete sua imagem masculina ideal.

Júpiter era o rei dos deuses, e seu simbolismo planetário é o da sabedoria, expansão e abundância. Ele contrasta e faz parceria com Saturno, cuja influência se relaciona à disciplina e limitação. Como nossa inspiração e expiração, suas influências complementares possibilitam o fluir e refluir de nossas experiências existenciais.

Até a descoberta de Urano, em 1781, os astrólogos baseavam seus perfis psicológicos nos sete corpos visíveis do Sistema Soular, que se relacionam com os sete chacras do nosso campo de energia da personalidade.

Contudo, com a descoberta de Urano, seguida pela de Netuno, em 1846, e Plutão, em 1930, os astrólogos conseguiram vislumbrar aspectos da nossa psique coletiva.

Os planetas coletivos

Enquanto todos os planetas visíveis têm períodos orbitais que vão dos 88 dias de Mercúrio até os 29 anos de Saturno, o que se encaixa dentro do escopo de uma vida humana, os três planetas externos, Urano, Netuno e Plutão, levam muito mais tempo para orbitar o Sol. Dos 84 anos de Urano, dos 165 anos de Netuno e de cerca de 248 anos de Plutão, suas principais influências são perceptíveis em gerações e no coletivo.

Enquanto o Sol, a Lua e os cinco planetas visíveis ressoam conosco baseados na personalidade, ou ego-*self*, a influência desses planetas externos se dá em níveis transpessoais. Assim, criam uma ponte energética entre o senso do Eu pessoal e o senso comunitário.

A descoberta desses planetas do Sistema Soular se iniciou numa época em que a família humana começava a interagir globalmente. Energeticamente, podemos ver nossa consciência coletiva de Urano no fim do século XVIII desencadeando a derrubada revolucionária dos Estados imperiais, o ressurgimento da individualidade, os primeiros estágios da democracia e o encetamento empresarial da Revolução Industrial. Assim, os astrólogos descrevem Urano como o grande despertador das possibilidades pessoais e coletivas — mas possibilidades que, é claro, podem se expressar de formas revolucionárias e não evolutivas.

A descoberta de Netuno, na metade do século XIX, ocorreu numa época de ressurgimento do interesse na psique. Tendo seu nome inspirado no deus romanizado dos mares, sua influência surge do subconsciente e pode nos capacitar para uma compreensão mais profunda da realidade ou para escapar dela e cair num estado ilusório.

No início da década de 1930, quando se percebeu a influência de Plutão, nós havíamos chegado ao limiar de uma época que poderia fundamentalmente levar à destruição ou à transcendência. Pois foi em seu encetamento que nos tornamos capazes de dividir o átomo e, portanto, capazes da aniquilação global.

Plutão era o deus romano do mundo subterrâneo, e plutônio, o nome dado ao então recém-descoberto elemento da nossa potencial Nêmese, a justa medida na ordem divina e humana. Mas Plutão também indica nosso poder de destruir os antigos padrões de comportamento e regenerar os novos. Sua influência astrológica é transformadora. Atualmente, Plutão está alinhado com o centro da galáxia e é isso, como discutiremos mais adiante, que os astrólogos consideram um dos indicadores a nos oferecer oportunidades transcendentes para uma Mudança de consciência.

O curandeiro ferido

Entre as órbitas de Saturno e de Urano fica a órbita do planetóide Quíron, o curandeiro ferido, que nos apóia pessoal e coletivamente em nossa jornada de re-lembrar quem somos.

A posição de Quíron em nosso mapa astral identifica as áreas da vida e da psique que estão desmembradas e nos oferece a oportunidade de reconciliar as polaridades e os desequilíbrios que carregamos. Contudo, se continuarmos a projetar nosso sofrimento pessoal nos outros, ou até mesmo no mundo de modo geral, a influência de Quíron não conseguirá se expressar eficazmente. Reconhecer nossas mágoas e nosso sofrimento conseqüente e assumir a responsabilidade pela nossa própria cura são os primeiros passos para permitirmos que Quíron oriente nosso caminho à totalidade.

O período orbital de Quíron é de cerca de 51 anos. Em certas fases da nossa vida, ele está alinhado harmonicamente com sua posição natal em nosso mapa — assim como todas as influências planetárias. Quando esses "trânsitos" ocorrem, geralmente correspondem a grandes experiências existenciais e transformações na vida.

Do fim dos 40 anos ao início dos 50, quando a influência de Quíron se iguala — está em conjunção — com a influência do nosso nascimento, temos a oportunidade de realizar uma profunda cura e de crescimento interior. Na verdade, poderemos até descobrir que, se não aproveitarmos essa oferta cósmica, nossa vida ficará insustentável!

Assim como Plutão está agora alinhado com o centro galáctico, na época da descoberta de Quíron, no fim da década de 1970, seu Ascendente estava igualmente alinhado. As influências desses dois corpos astrológicos são, portanto, cruciais para a atual época de transformações.

Aspectos e trânsitos

Já vimos de que forma a consciência se expressa como energia e que todas as energias são ondas. Num mapa astrológico, os alinhamentos harmônicos entre os planetas, em que suas ondas de influência se combinam de certa forma, são chamados de "aspectos".

Ao longo da vida, conforme os ciclos intrincados do nosso Sistema Soular continuam a ressoar nossa consciência individual, há épocas em que os aspectos planetários do nosso nascimento são recriados. Esses períodos, que podem durar de menos de um dia a vários meses, são, como já vimos, chamados de trânsitos. Embora suas influências se assemelhem às do mapa de nascimento, nossas reações a elas refletem o grau atual da nossa percepção.

Assuntos não resolvidos e esperanças que estão adormecidas retornam na próxima curva dessa dança espiralada para que façamos uma nova revisão. Podemos, então, continuar agindo dentro dos velhos padrões ou aproveitar a oportunidade para efetuar mudanças internas e externas em nossa vida.

Há seis aspectos principais que os astrólogos consideram especialmente significativos: conjunção, oposição, trígono, quadratura, quintil e sextil.

Planetas em conjunção ocupam a mesma posição ou estão muito próximos um do outro num mapa, e suas energias combinam. Dependendo da natureza dos planetas envolvidos, as conjunções podem ser vantajosas ou desafiadoras, mas sempre serão poderosas, visto que as influências dos planetas em questão estão em conjunção.

Planetas em oposição, ao contrário, ocupam posições diametralmente opostas no mapa. Incorporam uma tensão inata até conseguirmos equilibrar suas polaridades. Expressamos uma oposição quando nos identificamos com um dos planetas e negamos as qualidades do outro em nós mesmos ou as projetamos em outras pessoas. Somente quando abraçamos as duas qualidades é que nos tornamos capazes de equilibrar suas energias.

As influências dos planetas em trígono, os que se encontram separados por 120 graus, são harmoniosas e suas energias fluidas denotam apoio abundante às áreas em que atuam na nossa vida.

As quadraturas, que ocorrem quando os planetas estão separados por 90 graus, ao contrário, produzem conflitos que geralmente exigem esforço da nossa parte para serem solucionados. Contudo, esses alinhamentos desafiadores podem ser a motivação que nos faltava para empreender o crescimento interior.

Os aspectos em quintil são formados por corpos planetários separados por 72 graus, ou um quinto do círculo do céu, e revelam as áreas poderosamente impulsionadas de nossa vida. Esses impulsos internos costumam ser subliminares e podem ser percebidos por tendências compulsivas e traços de personalidade. As influências do quintil nos capacitam para o sucesso, e compreendendo-as chegamos lá de modo saudável e equilibrado.

Finalmente, o sextil, quando os planetas estão a 60 graus de distância, tem uma influência harmoniosa e despreocupada. Esse aspecto em nosso mapa sugere que evitaremos conflitos e buscaremos compromisso. Os planetas envolvidos vão determinar em que áreas de nossa vida esses compromissos se realizarão.

Precessão

A Terra gira constantemente em torno do seu eixo, e isso cria o fenômeno conhecido como o "ciclo da precessão". Fazendo a viagem de volta pelo zodíaco, por um período de cerca de 26 mil anos, o Sol se levanta no equinócio de março e acompanha cada um dos 12 signos. Essas 12 Eras, cada uma com duração de aproximadamente 2.160 anos, têm o nome do signo zodiacal cujo setor do céu influencia as características energéticas daquela Era. Atualmente estamos na transição da Era de Peixes para a de Aquário.

Os astrólogos debatem como as influências de cada um desses períodos se manifestam em nossa psique coletiva. Um ponto de vista, do qual sou partidária, é que a onda de influência zodiacal que denomina uma Era se inicia durante aquela época, mas só encontra sua total expressão na seguinte e desaparece na terceira. Assim, a vindoura Era de Aquário semeará as influências associadas ao seu signo, as características de Peixes encontrarão sua total expressão e as da Era de Áries desaparecerão.

Essas influências energéticas incorporam outras nuanças devido às relações harmônicas que têm com os signos do zodíaco caracterizados pela mesma qualidade e pelos mesmos elementos arquetípicos. Portanto, na Era de Aquário devemos, individual e coletivamente, começar a vivenciar suas características de poder pessoal e co-criação, a expressão total da influência pisciana — semeada pelos grandes mestres de 2 mil anos atrás — de compaixão e sabedoria espiritual e o desaparecimento das energias autocentradas arianas.

2012/2013

Enquanto empreendemos, entretanto, a transição para a Era de Aquário, as profecias metafísicas e os alinhamentos astrológicos auspiciosos culminam, sugerindo que o período de 2012/2013 anuncia uma grande Mudança na consciência coletiva.

Os 12 signos do zodíaco representam os atributos psicológicos de seus setores no céu. Contudo, o que muitas pessoas desconhecem é a existência de uma 13ª constelação localizada na eclíptica, Ofíuco.

Os antigos gregos conheciam Ofíuco como Asclépio, o deus da cura, filho do deus Sol, Apolo, e que aprendeu as artes da cura com Quíron. O 13º signo é representado como um homem segurando duas serpentes, que simboliza as energias equilibradas e reunidas da psique. Em algumas tradições, esse 13º arquétipo também representa o ser humano aperfeiçoado, ou herói soular.

Além dessa figura arquetípica estar no caminho do Sol, sua localização no céu também está alinhada com o centro da nossa galáxia.

Como já vimos, Plutão e Quíron também estão em conjunção com o centro galáctico nesta época tão significativa.

Ademais, neste exato momento, pela primeira vez em 26 mil anos, o ciclo de precessão pôs o Sol no seu solstício de dezembro — o nascimento tradicional do herói soular — em alinhamento com o 13º signo zodiacal, Ofíuco, com Plutão, Quíron e com o centro galáctico.

O que a ressonância desses impressionantes presságios arquetípicos e astrológicos revelam enquanto caminhamos rumo ao seu auge?

Segundo os antigos sacerdotes maias, que eram mestres do tempo, para realizar nosso destino coletivo passaríamos por uma Mudança de consciência no solstício de dezembro de 2012 — e assim acabou o calendário dessa civilização. Eles não conseguiram intuir o que viria depois e como a natureza da nossa experiência de tempo continuaria.

Meu ponto de vista, e o de um número crescente de pessoas no mundo, é que estamos tendo uma incrível oportunidade para uma expansão coletiva da percepção que inclui não só os seres humanos, mas também Gaia e todo o Sistema Soular.

Os chacras superiores do nosso campo de energia unificada estão se tornando acessíveis. O oitavo chacra do coração universal é nosso portal para a percepção transpessoal. O nono chacra, ou estrela terrena, está nos ligando com uma redescoberta reverência a Gaia e todos os seus filhos. E quando começamos a acessar o décimo chacra, estamos também nos religando no plano consciente com a percepção arquetípica incorporada pelo Sol, pela Lua e pelos planetas do Sistema Soular.

Essa re-ligação também é um re-lembrar. Como vimos, os astrônomos estão descobrindo os membros fragmentados do Sistema Soular. A natureza do holograma cósmico é tal que enquanto re-lembramos de nós mesmos, o Sol, a Lua e os nove planetas do Sistema Soular estão se reconciliando com os fragmentos do seu — e do nosso — 12º membro da família.

Além do Sistema Soular, o 11º chacra conecta nossa percepção à consciência galáctica. A história de sua ativação inicial, em 23 de dezembro de 2003, e nossa jornada atual rumo a 2012/2013 serão contadas em meu próximo livro *Many Voices, One Heart.* Tal percepção é, creio eu, nosso destino coletivo.

Como vimos, o apoio astrológico para essa Mudança de consciência está abundantemente disponível, mas só nós mesmos podemos dar esse salto, escolhendo o comprometimento com a própria cura e, assim, com a cura do todo.

Na terceira e última parte de *O oitavo chacra* vamos explorar o modo de empreender essa jornada e alcançar nosso destino último: HoME, Paraíso na Mãe Terra.

Parte III

Ser

CAPÍTULO 9

A cura da alma pelo coração

HÁ QUEM DESCREVA A EXPERIÊNCIA humana como um campo de treinamento militar, uma visão com que, imagino, muitos concordariam. Nossa jornada no mundo físico envolve desafios que, muitas vezes, resultam em contusões e ferimentos, não só físicos, mas também mentais e emocionais.

Muitas pessoas podem levar toda uma vida — ou mais — para se curar dos traumas provocados por essas contusões não físicas. Em extremo, nossa psique se desmembra da sua essência. E uma longa e árdua jornada interna é necessária para reunir os pedaços e promover nossa cura.

Esses traumas aparecem como desequilíbrios no campo energético da personalidade, mas é possível que só estejamos conscientes de uma pequena fração deles. Como os icebergs, a parte maior fica escondida nas profundezas, enterrada nas reações habituais do subconsciente.

Dependendo dos aspectos e das experiências de vida afetados pelo trauma, e das características de nossa reação, poderão ocorrer bloqueios em um ou mais chacras, que vão se

178 O OITAVO CHACRA

manifestar na forma de enfermidades físicas específicas. Mas como a personalidade do ego-*self* é energeticamente mediada por todos os sete chacras, os desequilíbrios acabam nos afetando em todos os planos energéticos.

Traumas arquetípicos

No Capítulo 6, discutimos como a consciência arquetípica e coletiva representa um aspecto integral da experiência da alma individual. Em todas as culturas e ao longo da história, os mitos e símbolos arquetípicos refletem nossa herança comum. Padrões arquetípicos de comportamento são uma experiência coletiva com que nós nos identificamos. O mesmo serve para os traumas arquetípicos.

Existem cinco traumas fundamentais — abandono, maus-tratos, traição, negação e rejeição — que nós incorporamos até certo grau. Será um desses padrões primários que reconheceremos na nossa vida como ciclos repetidos de experiência e dor. Embora ele possa ter sido desencadeado por acontecimentos nesta vida, é possível que tenhamos vivido o mesmo tema arquetípico em outras vidas.

Todos os traumas arquetípicos são engendrados nos planos físico, mental e emocional da experiência. Os maus-tratos, por exemplo, não precisam ser efetivados fisicamente — podem ser impostos nos planos emocional e/ou mental também. E podemos ser abandonados no plano emocional de modo tão catastrófico como no plano físico.

Em nossa vivência desses padrões, somos inevitavelmente doadores e receptores. Se, por exemplo, incorporarmos o arquétipo do abandono, não seremos só abandonados, mas em outras circunstâncias seremos aquele que abandona alguém ou algo. Em essência, abandonaremos a nós mesmos.

Todos os traumas arquetípicos funcionam desse modo, embora cada arquétipo primário tenha seus próprios padrões associados de comportamento pelos quais nós vivemos sua essência arquetípica e também procuramos evitar ou nos adaptar ao seu conseqüente trauma.

O desencadeamento na infância

Para a maioria das pessoas, é provável que pelo menos um desses arquétipos tenha se desencadeado na infância. Na minha experiência terapêutica com centenas de clientes, a idade em que tal desencadeamento ocorre vai da vida intrauterina até cerca de 5 anos.

É nessa idade tão tenra que desenvolvemos nosso senso de *self* e somos vulneráveis a traumas que numa idade mais avançada seriam apenas acontecimentos triviais. Mas, enquanto nossa capacidade de articular e dar sentido ao que está acontecendo é limitada — geralmente ainda não sabemos falar —, reagimos internalizando a dor num plano subconsciente e celular.

No Reino Unido, por exemplo, há algum tempo, quando uma criança precisava se hospitalizar, os pais só podiam fazer visitas curtas. Para muitas crianças isso criava um profundo senso de perda e abandono. Ainda que na idade adulta muitas delas tenham conseguido racionalizar a experiência, o trauma emocional ficou incrustado no subconsciente e elas ainda lutam para chegar a um acordo com seu legado. Conseqüentemente, durante a vida, elas passam por constantes episódios que envolvem o padrão de abandono, geralmente sem entender por quê.

Será que poderemos, pelo menos, começar a entender a sensação de perda e abandono vivida pelas crianças aborí-

180 O OITAVO CHACRA

gines da Austrália que foram retiradas de suas famílias sem aviso e adotadas por culturas estrangeiras e, muitas vezes, hostis? E o que dizer das crianças órfãs em conseqüência dos conflitos que assolam o mundo e da devastação provocada pela Aids?

Puberdade

Quando pequenos, estamos naturalmente abertos às emoções daqueles que nos cercam, especialmente às dos nossos pais e irmãos. Então, um outro exemplo de trauma arquetípico é: se os nossos pais vivem sob um padrão de maus-tratos, ainda que não estejamos diretamente expostos a isso, podemos adquirir e incorporar a essência dessa dor. Durante toda a infância, podemos então passar por situações que criam o mesmo arquétipo.

Além disso, como descobri, ao trabalhar com muitos clientes durante a puberdade, quando lutamos para fazer a transição da infância para a juventude, quase sempre ocorre um ou mais acontecimentos significativos que aprofundam a marca do padrão arquetípico. No fim da adolescência, nossas reações e mecanismos de adaptação geralmente se tornaram habituais.

Por isso, não é de surpreender que haja uma correlação inata entre a gravidade de um trauma arquetípico na experiência existencial de um indivíduo e as questões relativas ao seu senso de valor próprio.

Antes de prosseguirmos com a análise de alguns comportamentos em que encenamos esses cinco padrões arquetípicos ou tentamos nos adaptar às suas conseqüências, precisamos esclarecer que: ao vivenciarmos cada padrão, não só o perpetramos a outros, ou eles a nós, como acabamos impondo-o a nós mesmos. Embora isso ocorra consciente ou subconscientemente, esse pode ser o meio mais persistente com que nossa falta de amor-próprio é reforçada.

Abandono

O abandono tem tudo a ver com a perda. Outro modo de descrever a situação é dizer que alguém sofreu uma deserção. De fato, se fecharmos os olhos e visualizarmos o vazio de um deserto geográfico, seu isolamento e sua desolação nos darão a sensação de como é vivenciar esse padrão arquetípico.

Os diversos meios com que procuramos nos adaptar ao abandono tentam evitar tal perda e conseqüentes dor e solidão. Por exemplo, quando estamos em um novo relacionamento ou naquela fase em que surge a chance de desenvolver maior intimidade, podemos nos flagrar promovendo alguma forma de sabotagem. Assim, e provavelmente num plano subconsciente, nosso objetivo é abandonar alguém antes que sejamos abandonados.

Alternativamente, podemos procurar controlar ou manipular os outros para evitar a perda. Isso pode ocorrer não só no modo de nos relacionarmos com as pessoas, mas no nosso ambiente e na vida de modo geral. Na verdade, se nos sentirmos particularmente vulneráveis à possibilidade de ser abandonado nos nossos relacionamentos, poderemos ficar até mais interessados em exercer controle sobre outros aspectos da vida. Dependendo da nossa personalidade, podemos preferir controlar essas áreas da vida de um modo direto ou podemos ser mais dissimulados em nossas tentativas de manipular as circunstâncias.

Paradoxalmente, podemos tentar evitar a possibilidade de abandono nos isolando. Dessa forma, asseguramos o próprio aprisionamento impedindo a entrada da vida em si e, por conseguinte, abandonando até a nós mesmos.

Entretanto, a realidade da vida é que ela é um processo de contínuas ondas de mudança. Quando somos capazes de abraçar em vez de temer sua inevitabilidade, ela consegue fluir livremente por nós e conseguimos seguir em frente. Mas quando procuramos controlar o fluxo da mudança, obstruímos o rio da vida, com conseqüências muitas vezes imprevistas e às vezes trágicas para os outros e para nós mesmos.

Assim como ocorre com os cinco padrões arquetípicos, o primeiro passo para se chegar a um acordo com o abandono, para solucionar e dissolver seu trauma energético, é reconhecer sua presença. Embora nossa percepção da sua influência e nossa reação a ele possam se dar subconscientemente, é possível reconhecer a realidade pelas constantes ocorrências nos relacionamentos e nas circunstâncias existenciais.

A ilusão da separação

Como seres espirituais que passam pelos desafios de uma experiência física, o padrão de abandono que muitas pessoas carregam foi desencadeado pelas sensações da encarnação física e ilusão da separação do Espírito.

Freqüentemente, as almas que trazem esse sofrimento escolheram um propósito nesta vida que engendra não só um grande desafio, mas uma grande oportunidade, pois essa cisão ilusória é a causa da profunda sensação de abandono que podemos sentir. Ao curar o trauma que carregam, elas oferecem um enorme presente à psique coletiva.

Muitas encarnam em famílias em que há uma manifestação extrema desse arquétipo. Sua coragem de reconhecê-lo e de lutar para se curarem e aqueles que as cercam é ainda maior porque elas escolheram empreender esse trabalho. E como seu processo interno envolve re-lembrar essa escolha e superar a suposta separação do Espírito, a essência da cura é a profunda alegria de voltar para casa.

O arquétipo do abandono pode ser especialmente doloroso se considerarmos nossa própria morte ou a de alguém que amamos. Cada um de nós tem sua hora marcada com a morte do corpo e, portanto, a oportunidade de seguir adiante para a próxima aventura cósmica. Contudo, para aqueles que incorporam o arquétipo do abandono e que só percebem o mundo físico, a morte representa o abandono último e pode ser temida num nível tão profundo que é impossível entender conscientemente.

Obter ajuda para ver além das limitações do mundo físico e perceber que o Espírito nunca nos abandona pode ser, muitas vezes, a grande guinada para o início da nossa jornada de cura.

Luto

Quando, no entanto, perdemos entes queridos, nosso sofrimento é natural e necessário. Ao nos permitir um tempo para reconhecer e finalmente dissolver a tristeza do luto, conseguimos seguir adiante. Mas quando negamos essa oportunidade a nós mesmos, nossa tristeza não vai embora, fica reprimida.

Quando perdemos alguém e conseguimos chorar e falar dessa pessoa, damos vazão à saudade e também celebramos as experiências compartilhadas. Embora conscientemente voltemos ao passado, muitas vezes não percebemos que os sentimentos de pesar são também pelo futuro que não será explorado em conjunto. Portanto, no luto pela morte de alguém é importante reconhecer esses aspectos passados, presentes *e* futuros da dor e, com lágrimas e gratidão pela presença da pessoa amada em nossa vida, permitir que o pesar flua enquanto for necessário, a fim de que consigamos nos conformar com a perda e sigamos em frente.

Maus-tratos

A crueldade de infligir dor deliberadamente pode se dar tanto de modo aberto quanto sutil. Da humilhação física do abuso corporal ou sexual ao mental, causado por constantes críticas destrutivas, esse padrão é do tipo que pode, literalmente, deixar cicatrizes profundas. Maltratar os outros pode se tornar, embora por pouco tempo, uma fonte de prazer para o agressor. Mais do que qualquer outro, esse padrão arquetípico continua a existir entre as famílias, repetindo-se de uma geração para a outra.

Aqueles que já foram vítimas de maus-tratos, especialmente quando crianças, podem, de algum modo, se sentir culpados por isso, pois aprendemos a acreditar que os adultos estão "certos" e, portanto, nós estamos "errados".

O abuso é também um padrão de comportamento no qual o agressor tende a justificar seus atos, tanto para si como para os outros, ou então negar que esteja realmente sendo abusivo.

Quando maltratamos a nós mesmos, geralmente na mesma extensão do abuso que sofremos de outros, é, na maioria das vezes, em conseqüência da dor traiçoeira do vício. Muitas pessoas inicialmente se voltam para algo, em que mais tarde se viciam, na tentativa de fugir de outras formas de maus-tratos. É triste, mas fugir do abuso causado por outros costuma ser mais fácil do que fugir daquele imposto por nós mesmos, porque sua influência fica gravada na nossa psique.

Traição

A traição, seja a amigos, familiares ou à nação, atinge a essência do modo de nos relacionarmos com os outros. Ser capaz de confiar naqueles com quem compartilhamos nossa vida satisfaz as profundas necessidades de segurança interna que, como já vimos, ficam bem na essência do ser.

A traição destrói a confiança e acaba com a lealdade. E, dos cinco traumas arquetípicos, todos eles sofridos por Jesus, aquele a que sentimos aversão é o da traição cometida por Judas Iscariotes.

Contudo, Judas tinha uma motivação interior para trair seu líder espiritual. Embora a Bíblia sugira seus motivos, sem dar detalhes, o padrão arquetípico tem como decorrência inevitável o fato de o traidor se sentir justificado, seja em que base for, pelo ato de traição. Os motivos podem ser diversos e talvez nem mesmo sejam conhecidos no plano consciente pelos próprios traidores. Entretanto, estarão intimamente ligados à maneira que os traidores se vêem em relação à pessoa ou instituição que estão traindo.

É necessário um relacionamento prévio para trair ou ser traído — não é possível ser traído por um estranho. Este é o caso, inclusive, quando uma nação é traída, pois é a confiança de todos que pertencem àquela nacionalidade que é traída. Mas o que quase sempre precipita o ato é algum grau de desilusão com a relação existente.

Para começar a entender a traição, precisamos ser capazes de *escutar* a justificação do traidor — a de alguém que nos traiu ou a nossa, por ter traído alguém. Seja qual for a razão, por mais enganosa, ela oferece pistas que podem ser úteis para nossa compreensão.

Se somos traídos ou traidores, a justificação nos dá uma oportunidade, se conseguirmos reunir coragem e honestidade, de vasculhar nosso próprio comportamento e nossas próprias motivações. Como já vimos, os princípios cósmicos revelam as correspondências e os reflexos que espelham as circunstâncias internas e externas de toda a nossa existência.

Negação

A negação é a relutância em reconhecer a realidade de uma situação, sobre os outros ou sobre nós mesmos. Embora represente um padrão arquetípico em si mesmo, pode também ser um componente do processo para se chegar a um acordo e para curar outros padrões em discussão.

Freqüentemente, para evitar uma fenda na armadura da negação, qualquer coisa que possa iniciar tal reconhecimento será evitada a todo custo. Daí o velho ditado "Longe dos olhos, longe do coração" representar o padrão comportamental primário da negação. Alguns assuntos são tabu, ficamos atentamente fora do caminho de certas situações e desenvolvemos um comportamento obsessivo ou habitual que evita a possibilidade de trazer à mente o que está sendo negado.

O preconceito está invariavelmente associado à negação, pois ao ver uma pessoa ou alguma coisa do modo que achamos que seja, em vez de enxergá-la como realmente é, negamos sua realidade. Tal preconceito geralmente nos dá a sensação de ser superior e, portanto, melhor. Mas também nega nossa própria realidade.

Por sua própria natureza, o padrão da negação é de difícil abordagem. Como relatam os terapeutas que lidam com viciados, até que a pessoa chegue ao fundo do poço, em alguns casos a ponto de perder a família, o trabalho e, praticamente, a vida, a negação de que ela possui um vício continua a desempenhar um papel importante no processo.

Mas, assim que essa negação se dissipa, a cura se inicia.

Rejeição

O último trauma arquetípico que analisaremos é o da rejeição — a recusa em aceitar ou reconhecer algo ou seu descarte por falta de valor.

Se estivermos incorporando tal arquétipo, poderemos sempre achar que nada é bom o suficiente. Essencialmente, isso costuma incluir nós próprios, e então somos incapazes de nos aceitar e amar pelo que somos.

Ou, então, no confronto com a rejeição, em vez de percebê-la como crítica e projeção alheia, a levamos tão a sério que nos sentimos sem valor.

Assim como ocorre com todos os traumas arquetípicos, a rejeição nos influencia nos planos dos três chacras inferiores, afetando nosso senso fundamental do *self*. A rejeição contínua leva ao isolamento progressivo, ou *ice-soul-ation*. Quando separamos nosso "eu" do "não eu" dos outros, viramos gelo! Ficamos então congelados e literalmente incapazes de fluir. É como se nossa alma estivesse presa no gelo e não houvesse calor — amor — em nossa vida. No fim das contas, só o amor nos possibilita derreter o gelo e nos soltar no fluxo da vida outra vez.

Padrões familiares

Embora passemos por esses traumas arquetípicos de modo pessoal, coletivamente descobrimos que, com freqüência, o mesmo padrão é recorrente na família — avós, pais e irmãos.

Como nossa consciência é holográfica, quando nos conscientizamos e nos comprometemos com a cura interior de nossos padrões energéticos, essencialmente presenteamos essa cura àqueles com quem compartilhamos sua ação recíproca. Isso pode ter implicações profundas, pois muitas vezes esses padrões familiares não são comentados nem reconhecidos. Entramos em relacionamentos dinâmicos e disfuncionais em que são desenvolvidos modos de ser e de se comportar que todos os envolvidos ajustam na sua psique de modo próprio.

Compensações em outras circunstâncias podem ser benéficas; a perda da visão ou da audição, por exemplo, é contrabalançada com maior sensibilidade dos outros sentidos. Mas o comportamento compensatório criado para lidar com o trauma arquetípico meramente faz com que o trauma aprofunde sua marca energética na nossa psique individual e coletiva.

Cisões curativas

Como esses traumas arquetípicos são intrínsecos à natureza holográfica da consciência baseada na polaridade, podemos também discerni-los na psique de grupos que compartilham uma herança étnica, religiosa ou cultural.

Por mais de dois milênios, por exemplo, os diversos povos dos Bálcãs vêm se agredindo na base do olho por olho, dente por dente. Embora a ferocidade dos conflitos tenha passado por altos e baixos ao longo dos séculos, a desconfiança e o ressentimento subjacentes nos grupos étnicos e religiosos deixaram sua marca energética num nível profundo da psique coletiva.

Em outras regiões do mundo, esses traumas comunitários também permanecem insolúveis, com cada nova geração sendo culturalmente impregnada com o mesmo ódio e os mesmos temores preconceituosos que seus antepassados.

O Oriente Médio é o principal exemplo disso. Ali, a cisão entre árabes, judeus e cristãos, simbólica e energeticamente, data de cerca de 4 mil anos. Supõe-se que na época do patriarca bíblico Abraão, seus dois filhos, Ismael e Isac, de duas mulheres diferentes, Agar e Sara, respectivamente, teriam formado a linhagem dos povos árabes e judeus. A cisão posterior entre judeus e cristãos também surgiu, essencialmente, da relutância judia em aceitar a linhagem, e, portanto, a autoridade de Jesus como o Cristo, que acabou sendo abraçada por seus seguidores, resultando na fé cristã.

Agora, nesta época de transformações, quando estamos nos tornando capazes de acessar as energias do oitavo chacra e dos superiores, nossa percepção se expande, discernindo e compreendendo esses antigos padrões em nós mesmos, em nossas famílias, comunidades e nações. E, ainda mais significativo, alinhando-nos com a consciência da nossa percepção transpessoal facilitamos a cura de seus traumas associados.

Intenção

A palavra "curar" — em inglês *heal* — tem a mesma origem da palavra "total" — *whole*. Assim, essencialmente, quando nos curamos, nos tornamos totais ou íntegros. E como a harmonia é o estado natural do mundo, a desarmonia deve sempre nos alertar para desequilíbrios e falta de autenticidade e integridade em nossa vida.

A jornada interior rumo à harmonia e totalidade é possível a todos. Mas o primeiro passo é reconhecer a presença do desequilíbrio. O segundo é a intenção de fazer algo para mudar. Sem essa intenção, nossa percepção fica sem energia para facilitar o início desse fluxo de mudança.

Mas é possível que inicialmente a escolha inerente a essa intenção não surja no plano consciente do ego-*self*. Na verdade, é bem mais provável que seu impulso tenha origem em planos superiores da consciência integrada. Percebemos que tal intenção teve início ao constatar que as circunstâncias pessoais ficam cada vez mais difíceis! Seja qual for o padrão arquetípico que incorporamos, a impressão é que de alguma forma ele piora muito. E se antes não havia consciência desse padrão, agora, com certeza, há.

Essa é a maneira de o nosso *self* superior chamar a atenção para tal padrão e indicar que sua permanência em nossa vida tornou-se insustentável. Se não captarmos a mensagem, as circunstâncias continuarão a se deteriorar até que o façamos!

Quando finalmente "nos damos conta", precisamos energizar nossa intenção para mudar conscientemente e então dar o próximo passo. Enquanto o processo de cura prossegue, segundo a natureza do Cosmos holográfico e seus princípios cósmicos de manifestação, nossas circunstâncias externas mudam para corresponder aos estados internos. Isso transforma nossa vida de dentro para fora.

Neale Donald Walsh deixou isso bem claro em seu livro *Conversations with God*. Ele mudou o mantra usual de (preencha os detalhes com seu próprio repertório): "Quando nós *tivermos*... nós *faremos*... e *seremos*..." para a ordem oposta "Ser... fazer... ter". Ou seja, precisamos "ser" o que escolhemos ser no início e não no fim!

Compreender esses princípios e aplicá-los em nossas próprias circunstâncias de vida nos dá uma profunda percepção de nós mesmos e de que podemos seguir em frente.

Uma boa pergunta

A esta altura você pode estar se perguntando por que nosso *self* superior escolhe a incorporação desses padrões arquetípicos e sua conseqüente dor? Uma ótima pergunta!

A resposta é: pela mesma razão que leva qualquer bom ator a apreciar um papel desafiador. O ator sabe que quando a peça terminar, ele vai se despir do personagem e ir para casa. Da mesma forma, nossa alma sabe que ao completar nossa experiência física nós nos re-unimos e ficamos cônscios do propósito da alma. E, como um ator que triunfou em seu papel, podemos aproveitar depois a fama do nosso notável desempenho.

Nossas experiências e o modo de lidarmos com elas constituem a atuação da nossa vida e definem quem somos. Mas se nos identificarmos excessivamente com nosso papel, poderemos nos apegar a sentimentos e modos de pensar que simplesmente são do personagem. Para participar inteiramente da vida, precisamos sentir e ter pensamentos de todos os matizes. Entretanto, quando não conseguimos permitir que fluam facilmente por nós, carregando-os conosco, eles acabam se transformando numa bagagem energética cada vez mais pesada, que não nos permite seguir em frente. Então, começamos a reciclar os padrões que eles incorporam... e reciclar... e reciclar...

Os cinco padrões arquetípicos que discutimos são incrivelmente ricos na diversidade de oportunidades que oferecem para explorarmos a consciência baseada na polaridade e, assim, a ilusão da separação. Da mesma forma, a resolução e cura desses padrões também nos oferecem, tanto individual quanto coletivamente, um caminho mais rápido à totalidade. Contudo, paradoxalmente, costumamos nos apegar à dor dos traumas — muitas vezes até onde a dor do apego é maior que o medo de abandoná-lo.

192 O OITAVO CHACRA

Nesses casos, a dor pode nos servir de conforto, embora neguemos isso. Mesmo reverenciando quem consegue levar sua dor até o fim antes de se soltar, eu incentivo as pessoas a deixar de esperar por tamanho desespero e a dar um salto de fé no desconhecido.

Pontos de germinação

Para libertar nossa psique dos traumas desses padrões é importante compreender os acontecimentos que os "semearam" e assim apagar energeticamente suas marcas daquele ponto, proporcionando uma cura de nível profundo.

Embora a germinação dos padrões arquetípicos comece a se desencadear na infância, especialmente na idade pré-escolar e, depois, na puberdade, como adultos ficamos enredados nesses padrões e nossas reações, cada vez mais habituais, tornam-se a via rotineira de nossa vida.

Mas esse desencadeamento pode na verdade ser um re-desencadeamento. Em minhas experiências terapêuticas com um grande número de clientes, percebi que esses padrões, especialmente quando profundamente enraizados, têm seu ponto de germinação não nesta vida, mas em outra.

Já nos referimos à riqueza desses padrões na exploração da consciência polarizada. Embora os temas de cada um sejam os mesmos, há uma série de oportunidades para que diversifiquem sua expressão. E assim, à medida que começamos a entender nosso próprio padrão nesta vida, podemos vir a reconhecer que estivemos vivendo o mesmo arquétipo em muitas outras encarnações.

Entretanto, como veremos, ao acessar nossa consciência superior, pelo portal do oitavo chacra, conseguimos identificar o ponto de germinação energética do padrão e seu re-desencadeamento nesta vida — e dissolver sua marca em nossa psique.

Medicina integrada

Os traumas, como já vimos, encontram-se em níveis energéticos diferentes e, portanto, para levar a cabo sua dissolução, precisamos ter uma abordagem holística em relação à cura. Geralmente, é uma parte bem pequena que se encontra nos níveis cognitivos. A maior parte está no subconsciente, resultando em reações que talvez ainda não tenham sido reconhecidas ou entendidas no plano consciente. No entanto, quando um aspecto do arquétipo, mesmo que pequeno, surge em nossa percepção em vigília, é sinal de que a cura está pronta para se iniciar.

A medicina integrada vem sendo reconhecida como o meio mais eficaz de reunir diferentes modalidades que satisfaçam as necessidades específicas de cada pessoa. Essa emergente abordagem à saúde combina uma meta de prevenção de doenças, por meio da educação e da percepção das implicações das escolhas de estilo de vida, com uma abordagem holística ao tratamento. Utilizando as tecnologias mais atuais para detectar doenças ou tratar lesões físicas, ela abarca as terapias complementares para lidar com doenças crônicas, aliviar a dor e dissolver energeticamente os bloqueios. Ela também reconhece progressivamente nossa natureza holográfica e as relações entre pensamento, emoção e falta de saúde física. Além disso, cada vez mais, os elementos da medicina integrada servem como modalidade para dissolver os traumas do nosso biocampo energético.

Medicina energética

Todas as técnicas da medicina energética utilizam os mesmos princípios subjacentes de ressonância e essencialmente os oito princípios cósmicos que discutimos no Capítulo 4. Entretanto, não é a energia que cura, mas a informação e percepção que ela carrega. Pensamentos e emoções são padrões de configuração energética baseados na informação, é a reorganização desses padrões que inibe as doenças ou restabelece a saúde.

Portanto, as muitas técnicas de medicina energética que desbloqueiam e dissolvem traumas têm por objetivo proporcionar meridianos de fluxo livre, que então vão possibilitar a reprogramação dos nossos padrões harmônicos de crença e comportamento.

Atualmente, novas técnicas estão surgindo e, nas últimas décadas, houve também no Ocidente uma reavaliação das antigas técnicas de medicina energética, como a acupuntura. Embora essas técnicas geralmente exijam terapeutas qualificados, os princípios da medicina energética podem ser utilizados por cada um de nós, pois há técnicas simples e eficazes.

Os benefícios da prática regular da meditação que nos realinha com a harmonia cósmica são bem conhecidos. Além disso, já vimos que os antigos também reconheciam o poder curativo do som e da música. Os harmônicos fundamentais obtidos pela entoação de muitos mantras orientais — sendo o mais simples deles o *Aum*, a expressão da criação cósmica primordial — são um modo de alinhar nossas energias com o fluxo da vida, diariamente.

Inúmeras técnicas vêm sendo desenvolvidas com a intenção de dissolver os padrões energéticos associados a traumas emocionais ou psicológicos do passado. No plano energético, essas terapias geralmente trabalham *dentro* do campo energético da personalidade — essencialmente no mesmo plano da percepção egóica, onde o trauma foi inicialmente contraído. Se, entretanto, os assuntos que provocaram o surgimento dos sintomas estiverem incorporados em padrões energéticos arquetípicos, os sintomas retornarão, a menos que os padrões subjacentes de atitude e comportamento tenham sido corrigidos, e que os motivos mentais e emocionais para os desequilíbrios tenham sido totalmente solucionados.

Em outros contextos, é comum ouvir que é impossível solucionar um problema a partir do mesmo plano de percepção que o criou. Isso também é verdadeiro quando tentamos solucionar e dissolver assuntos mentais e bloqueios emocionais. Essencialmente, se continuarmos a pensar, sentir e agir do mesmo modo, continuaremos tendo o mesmo resultado.

Contudo, ao elevar energeticamente nossa percepção para o plano transpessoal do oitavo chacra do coração universal, não só nos tornamos capazes de testemunhar e compreender o padrão a partir de uma perspectiva superior, como, estando em contato com nosso ser superior, conseguimos orientação sobre os meios mais eficazes de dissolvê-lo.

Do alto de um morro conseguimos enxergar mais longe do que quando estamos no vale. Da mesma forma, quando nos vemos a partir do ponto de vista do oitavo chacra, podemos testemunhar, com visão intuitiva e compaixão, as jornadas da nossa vida e os traumas que agora devem ser dissolvidos.

O oitavo chacra

O acesso às energias do oitavo chacra nos permite uma conscientização dos padrões comportamentais mais profundos que permeiam nossa vida. Quando eles já não nos servem, procuramos nos capacitar para sintonizar a sabedoria do

196 O OITAVO CHACRA

próprio ser superior e empreender a cura universal centrada no coração, no plano da alma.

Como já vimos, as energias tríplices do oitavo chacra reúnem a percepção incorporada pela mente, pelo coração e pela vontade, e elevam suas vibrações a um nível transpessoal.

Para o *self* egóico, o papel fundamental da mente é manter a percepção de que cada um de nós é um ser isolado e confirmar a ilusão das polaridades do mundo físico. O papel constante do coração, entretanto, é assegurar que ninguém se esqueça de que somos interligados e, fundamentalmente, Um. E o propósito da nossa vontade é otimizar o papel que desempenhamos, co-criando nossa realidade pelo desejo de participar no teatro da vida.

Mas, quanto mais participamos, mais tendemos a nos identificar com o papel que desempenhamos. Tal identificação não é por si só um problema, é somente quando ficamos apegados às implicações e conseqüências dessa identificação que as experiências nos aprisionam.

Isso ocorre quando o nível de percepção da mente, do coração e da vontade incorpora nossa identificação e seus traumas associados. Ao adaptar-se a eles, a mente consciente pode procurar nos proteger assumindo o controle. Podemos então tentar evitar dores futuras silenciando a voz interior do coração ou nos recusando a escutar a criatividade da nossa vontade. A dor a que estamos acostumados pode então ser racionalizada como preferível à dor a que tememos ficar sujeitos, se abandonarmos a primeira e saltarmos no desconhecido. Infelizmente, o que nossa mente egóica percebe como proteção pode na verdade ser um aprisionamento.

Quando, entretanto, acessamos a percepção do oitavo chacra, conseguimos ver o padrão arquetípico em que estivemos enredados. Podemos perceber seus temas, sem medo ou crítica, incluindo seu desencadeamento nesta vida e sua possível germinação numa outra.

Equilibrar e manifestar a expressão saudável dos sete chacras pessoais nos leva da solidão da separação e perda à incorporação do senso de *self* — a percepção de nossa integridade. Contudo, ao prosseguirmos na exploração dos chacras transpessoais superiores do coração universal e além, passamos da situação de nos sentirmos sós à re-lembrança de que somos todos um só.

Cientistas descobriram que a natureza do holograma cósmico possibilita a expressão de uma quantidade máxima de percepção a ser incorporada dentro do espaço-tempo. A incrível diversidade da vida e a originalidade da percepção individual garantem então que essa capacidade seja totalmente utilizada para a incorporação física das experiências, pois fundamentalmente o propósito da nossa consciência integral — nossa alma —, ao escolher estar aqui, é co-criar e aprender.

Ao curar nossa persona egóica, conseguimos não só expandir nossa percepção, mas incorporar tal co-criatividade e elevar a compreensão como um membro da comunidade da vida.

A intenção de curar

Só podemos fazer as escolhas para nossa cura no momento presente. Quando revisitamos o passado como parte da cura da alma pelo coração, é apenas para entender como nossos padrões e bloqueios foram criados e discutir a melhor maneira de dissolvê-los.

Só decifrando e desfazendo a marca energética em suas origens nesta vida e, se foi o caso, em outra, conseguimos dissipar sua influência. Se não lidarmos com o que estabeleceu o padrão, onde e quando ele foi plantado, seus efeitos continuarão a se espalhar por nossa vida.

198　O OITAVO CHACRA

Assim como acontece com qualquer cura baseada em energia, e, na verdade, com qualquer trabalho energético em geral, precisamos assentar nossa percepção para incorporar e integrar totalmente a experiência curativa. Como já vimos, é por meio do chacra da raiz que se realiza o assentamento da percepção baseada na personalidade. Entretanto, quando acessamos as energias vibracionais superiores do nosso campo unitário de chacras e começamos a trabalhar num plano soular, precisamos assentar nossa percepção por intermédio do nono chacra, o da estrela terrena.

Quando qualquer padrão comportamental ou de outro tipo é dissolvido, fica um vazio energético. Contudo, um dos atributos fundamentais de toda energia é que qualquer vazio será preenchido. Portanto, a menos que seja substituído por outra forma de energia, o vazio deixado pela dissolução será preenchido por qualquer energia que esteja presente. Se sempre substituirmos a energia que for dissolvida pelo amor incondicional, nós vamos equilibrar os fluxos intrínsecos da consciência dentro de nós e nos proporcionar o maior presente, o da percepção da unidade.

À medida que você for lendo e integrando a mensagem contida em *O oitavo chacra*, já estará empreendendo a cura universal da alma por meio do coração. E na página 272 você vai encontrar uma meditação simples que o ajudará a acessar e incorporar as energias vibracionais superiores.

Analisemos agora algumas maneiras de reconhecer e dissolver esses traumas desgastados.

Origem do trauma nesta vida

O primeiro passo é reconhecer a semente energética do padrão traumático nesta vida.

A origem energética

Para isso, sempre comece respirando silenciosamente, sintonizado no oitavo chacra, mentalizando que sua orientação superior lhe revela claramente as circunstâncias da ocorrência original.

Então, seu ser superior deverá lhe proporcionar uma visão ou sensação de algo, ou uma memória poderá surgir repentinamente em sua percepção.

Sua orientação superior pode se apresentar de várias formas — pode parecer "real" ou surreal, expressar-se por símbolos ou sinais luminosos coloridos —, mas o significado está no que aquilo significa especificamente para *você*. Seja o que for e da forma que for, tenha confiança em seu propósito e se permita escutar sua mensagem.

Se não acontecer nada, relaxe e deixe que o processo se desenvolva.

Visão interna

Outra maneira de revelar a origem do trauma é respirar sintonizado no oitavo chacra e, interiormente, mentalizar que seu ser superior o guia pelo passado, ao longo do tempo transcorrido nesta vida. Deixe que sua intuição o guie até parar numa cena em particular ou memória específica.

Respire sintonizado no oitavo chacra e deixe que os acontecimentos da memória se desenrolem. Lembre-se de que seu modo de perceber pode se dar por sensações ou impressões, em vez de visualizações. Mas saiba que seu guia superior lhe proporcionará a dádiva da compreensão mais profunda, do modo certo para você.

Conforme seu entendimento for emergindo, continue a respirar sintonizado no oitavo chacra e peça interiormente que seu ser superior o guie a um entendimento total da experiência original.

Quando estiver intuitivamente consciente de possuir esse entendimento, pergunte ao ser superior o que você precisa fazer para curar aquela marca energética em sua psique.

A dissolução do peso

Embora você consiga testemunhar esse desenrolar da compreensão com compaixão e sem julgamentos, e esteja totalmente absorvido pelas energias do oitavo chacra, sentimentos dolorosos ou pesados poderão surgir. Se isso acontecer, respire, sempre com a mente no oitavo chacra, e permita que os sentimentos sigam seu fluxo.

Você poderá se dar conta disso ao ver ou sentir as energias se acumulando em partes específicas do corpo. Novamente, permita que a respiração flua pelo oitavo chacra e sinta o bloqueio se dissolvendo e as energias pesadas descendo pelo chacra da estrela terrena abaixo dos pés e penetrando na terra. Enquanto o processo se desenrola, agradeça a Gaia pela libertação.

Não deixe um vazio energético em seu lugar, visualize ou sinta as energias do amor incondicional fluindo pelo oitavo chacra até aquela parte do corpo.

Verdade amorosa

Ao identificar a semente de um padrão traumático nesta vida, é bem provável que você encontre familiares, amigos e outras pessoas com quem expressou esse padrão. Aqueles que forem fundamentais para sua experiência, surgirão na consciência. É possível também chamar essas pessoas até você durante a mentalização. Faça isso respirando, sintonizado no oitavo chacra, e se abrindo para que seu guia superior lhe revele o que precisa ser feito para curar o padrão.

Talvez seja necessário dialogar mentalmente com quem aparecer para você.

Lembre-se de que é possível evocar o ser superior de quem aparecer, assim como o seu próprio, que o está intrinsecamente guiando pelo processo.

Fale diretamente com quem aparecer, diga o que for necessário, com franqueza amorosa e sem nada ocultar. Em retribuição, escute o que ele tem a dizer, pois isso poderá lhe proporcionar um profundo entendimento da motivação dele e, assim, uma maior compreensão do padrão que ele carrega e da compaixão pela sua dor.

O diálogo mental poderá dissolver o padrão na sua psique, mas, caso algo mais seja necessário, peça ao seu guia superior que lhe revele como proceder.

Quando achar que o padrão se dissolveu, sinta com sua percepção intuitiva para confirmar que sua semente foi destruída nesta vida. No caso de um padrão muito profundo, você poderá descobrir que, à medida que ficar aberto, outras circunstâncias poderão surgir. Se isso acontecer, siga o mesmo processo usado para dissolver cada um. Contudo, ao mentalizar que o padrão será dissolvido em sua origem, será para aquele ponto que sua percepção será atraída.

Reverencie e permita

Durante esse processo, entretanto, você poderá descobrir que não importa o que faça ou diga, aqueles que você chamou ou encontrou não estão dispostos ou não são capazes de estar ao seu lado nesta provação de consciência. Se for o caso, compreenda, reverencie-os e permita que partam.

Vocês ainda estão energeticamente ligados pelo padrão arquetípico e, portanto, é preciso libertar-se e à outra pessoa de suas restrições para obter a cura. Se eles estiverem sem disposição ou impossibilitados de se comunicarem, você poderá então pedir ajuda ao seu guia superior para realizar isso da melhor forma possível.

Um modo que costuma funcionar bem é visualizar um ponto no seu corpo e no de outras pessoas que você sente que estão unidos por um cordão energético. Isto pode se dar de cabeça para cabeça ou de joelho esquerdo para cotovelo direito! Ou pode ser por meio de chacras específicos.

Seja lá o que aparecer, confie na orientação oferecida. Depois, ao mesmo tempo em que você respira amor incondicional por meio do oitavo chacra, visualize que o cordão se solta — mais uma vez, seja por que meios forem, você está sendo intuitivamente guiado nesse processo.

> Ao considerar-se liberto, confirme pela percepção intuitiva se isso é realmente verdade. Como já mencionado, na presença de um padrão muito profundo, talvez você sinta que, enquanto se mantém receptivo, outras memórias surgem. Se isso acontecer, siga o mesmo processo de dissolução dos traumas.
>
> Ao mentalizar que o padrão será dissolvido em sua origem, sua percepção intuitivamente o guiará até lá.

Origem do trauma em outras vidas

Quando um padrão arquetípico é dissolvido nesta vida, para evitar a possibilidade de seu reaparecimento, o modelo energético daquilo que o originou deve ser curado e dissolvido também na vida em que foi semeado.

A natureza holográfica do Cosmos revela que a cura dessa semente no plano original possibilita que a dissolução flua em todas as vidas em que o padrão arquetípico foi desempenhado e no Agora.

Ao compreender a origem dos acontecimentos em outras vidas e curar seu legado, você não altera a história, entretanto, aumenta seu grau de consciência e assim transforma o presente e o futuro.

> Se você estiver pronto para perceber a origem do padrão arquetípico que esteve incorporando desde outra vida, comece por acessar as energias do oitavo chacra. Mentalize que sua orientação superior lhe é revelada e se abra para o que vier.

Embora você pense que sua percepção vai surgir de maneira semelhante à experimentada enquanto você entendia e curava o padrão arquetípico desta vida, não vai ser assim. É possível que a percepção do ponto originário ocorra de um modo bem diferente. Portanto, simplesmente relaxe e fique aberto.

Talvez você descubra que as circunstâncias do ponto de origem do trauma lhe são reveladas em detalhes ou, o que é mais provável, talvez perceba uma cena ou um acontecimento específico. Lembre-se de que você tem controle consciente desse DVD cósmico, portanto, respire mentalizando o oitavo chacra e deixe que seu ser superior o guie ao plano de conhecimento necessário para possibilitar a cura e a dissolução pretendida.

Como nos libertar

Estar na vibração energética do oitavo chacra também facilita a identificação de outros desequilíbrios e traumas dentro da psique e nos guia na compreensão de como nos libertar de crenças e medos limitadores.

Para isso, a meditação da página 272 pode ser útil.

A clareza e o foco da sua intenção são fundamentais. Portanto, antes de começar, é bom analisar o que está pedindo.

Quando você tiver acessado a energia do oitavo chacra, respirando concentrado nele, enfoque sua intenção e interiormente declare-a, deixando que esse propósito ressoe dentro de você.

> Assim como ocorre na cura das energias dos padrões arquetípicos, a identificação das crenças limitantes e o modo de curá-las podem surgir de várias maneiras diferentes. Nas energias curativas do oitavo chacra, aquilo que é revelado é um presente do seu ser superior. Confie nele.

A cura da alma pelo coração

Da superioridade do oitavo chacra do coração universal somos capazes de curar os traumas arquetípicos de abandono, maus-tratos, traição, negação e rejeição, não só em nós mesmos, mas em toda a família humana. Sua dissolução é um aspecto intrínseco da nossa cura interna. Tal cura — nossa jornada rumo à totalidade de quem *realmente* somos — é um processo gradativo. Como já vimos, os antigos mitos se referem a isso como a busca do herói solar — ou soular.

Esses ensinamentos de sabedoria percebem que a totalidade da alma humana incorpora um harmônico integrado 12-em-13 de energias fundamentais. Assim, somos os reflexos microcósmicos da harmonia cósmica que se constitui da escala musical de 13 notas.

Numa escala maior do holograma cósmico, essa harmonia ressoa a dança anual do Sol, da Lua e da Terra, constituindo 12 meses solares e 13 meses lunares de luas cheias. Os caminhos do Sol, da Lua e de todos os planetas do Sistema Solar — ou Soular — pelo céu também se entrelaçam com os 12 signos do zodíaco a cada ano, criando a matriz da influência astrológica de nossa percepção individual e coletiva.

A sabedoria antiga dependia de metáforas e mitos para descrever essa compreensão. Portanto, na jornada do herói soular, encontramos esses números arquetípicos repetidamente.

A jornada do Sol é a jornada do herói soular. E a jornada do herói soular é a jornada da alma.

Agora é hora de compreender que nós temos potencial para ser heróis solares. Embora cada um trilhe seu próprio caminho, compartilhamos, sem exceção, o destino último do herói soular — a percepção e a incorporação da unidade que transcende e dá luz a toda consciência polarizada.

A jornada do herói soular incorpora 12 passos que, mais cedo ou mais tarde, todos nós trilharemos. É a jornada que vamos explorar agora.

CAPÍTULO 10

A jornada do herói soular

VIDA É CONSCIÊNCIA EXPLORANDO A si mesma. E de que modo podemos fazer essa investigação senão por meio dos processos que chamamos de experiências? E como elas podem se desenrolar senão por meio da mudança?

Mudança é a única constante na vida. Mesmo assim, muitas vezes, a tratamos como um inimigo, procurando criar barreiras contra sua inevitabilidade. Entretanto, a mudança não é uma inimiga no portão da cidadela de nossa identidade, mas sim a amiga que nos acompanha em nossa jornada de volta para casa. Ao abraçá-la como a uma amiga, uma companheira de viagem e guia do nosso caminho, conseguimos fluir com o rio da vida em vez de represá-lo, estagnando assim suas águas.

A mudança é uma amiga que nos desafia e surpreende, embora só deseje nosso bem maior. Madre Teresa certa vez expressou seus sentimentos de tal modo que creio ter repercutido na mente da maioria das pessoas. Ela disse que entendia que Deus nunca lhe dera algo maior do que aquilo que ela conseguia manejar, mas, às vezes, ela só desejava que Ele não confiasse tanto nela!

Contudo, as mudanças em nossa vida sempre nos oferecem oportunidades para co-criar e aprender. Desenham nosso caminho de crescimento interno e sinalizam nossa jornada rumo à totalidade. Porque nada acontece por acaso e tudo tem um propósito superior.

Doze passos

Embora o destino final dessa jornada de realização pessoal seja o mesmo para todos, os passos que damos para alcançá-lo são únicos para cada um de nós. A trilha que escolhemos seguir pode ser um dos desgastados caminhos das grandes religiões mundiais ou uma trilha menos conhecida. Podemos também preferir parar em qualquer ponto ao longo da jornada interna, à medida que ela vai se tornando mais árdua ou desafiadora.

Mas, independente da nossa escolha ser uma rodovia espiritual ou um pequeno atalho pouco conhecido, se decidirmos continuar a caminhada, algo incrível acontece: começamos a notar que, ao mesmo tempo que nossa jornada é única, há estações intermediárias universais ao longo do caminho, estações onde nos nutrimos e que validam a direção à frente.

Essas estações intermediárias fazem parte de toda tradição iniciatória e do processo de cura. Em muitas tradições, os insights que elas incorporam supostamente compreendem 12 passos que, reunidos, formam o 13º e, assim, se completam. E conforme incorporamos a compreensão espiritual que cada passo nos dá, também nos tornamos inteiros.

Esses insights me foram revelados durante minha própria jornada soular, uma peregrinação de três anos a 12 localidades ao redor da Terra, que será relatada no meu próximo livro *Many Voices, One Heart*. Nessa obra, vou compartilhar as lições que eu e meus companheiros de jornada aprendemos. Já introduzi alguns desses insights neste livro, mas lá poderemos ver o modo como, reunidos, eles constituem os passos que levam à nossa re-lembrança individual e coletiva.

Minha própria jornada soular continua, pois tendo em mãos o mapa do terreno sinto que ainda o estou reconhecendo e redescobrindo a cada dia que passa. Com cada pensamento, palavra e ação, tenho oportunidades de incorporar suas verdades cósmicas e de me refugiar em suas estações espirituais.

Ao vivenciar revelações extraordinárias, sinto-me ainda mais ordinária. E nos momentos ordinários da minha vida cotidiana percebo a divindade que o mundo *é*.

Também dou meus tropeções, há dias em que me refugio embaixo do edredom, porém, em outros, milagres pousam no meu ombro do amanhecer à noite como borboletas. Ao contrário da época anterior à minha tomada de consciência, quando comecei a trilhar a jornada do herói soular conscientemente, agora, cada momento é precioso e cada dia me oferece mais uma vez a infinita mágica da vida. Além disso, hoje conheço por mim mesma as idéias que os místicos de todas as épocas compartilharam conosco.

Mas essa aventura não é só minha; é de todos nós como unidade. As energias disponíveis do oitavo chacra e dos chacras superiores são nossa herança comunitária, e a incorporação é nosso destino comum.

Vamos então compartilhar o que eu e cerca de 70 companheiros descobrirmos ao empreender a jornada do herói soular.

O primeiro passo: responsabilidade

O primeiro passo é assumir responsabilidade por nossas escolhas, suas implicações e conseqüências.

Uma escolha fundamental feita pela nossa alma foi a de encarnar aqui na Terra nesta época. Todos nós tomamos essa decisão.

Essa é uma afirmação ousada, a que muitas pessoas reagem de modos diferentes. Algumas são capazes de admitir tal escolha, mas a grande maioria nega essa possibilidade, em razão dos desafios que elas têm de enfrentar na vida.

Contudo, como já vimos, nossa consciência está integrada em todos os níveis de percepção e fazemos escolhas não só no plano do ego mental, mas no plano do nosso ser superior, como a escolha de encarnar. Até que nossa percepção comece a se expandir, só conseguimos perceber as escolhas que emanam do ego mental.

Nossa consciência está em contínua mudança. Hoje é diferente de ontem e semana passada era muito diferente do ano passado. Só conseguimos fazer escolhas no momento presente e com nosso grau atual de percepção. Entretanto, podemos nos flagrar dizendo: "Ah, se eu soubesse naquela época o que sei agora." Embora possamos nos repreender pela falta de sabedoria, é como resmungar que uma criança de 3 anos não sabe enviar um e-mail. Na verdade, talvez esta não seja uma boa metáfora, pois desconfio que algumas crianças de 3 anos já conseguem fazer isso!

Assumir responsabilidades tem a ver com fazer escolhas com a percepção que temos no momento atual. Não precisamos assumir responsabilidade pelas escolhas do nosso ser superior, a menos que estejamos conscientes delas. Mas devemos admitir que somos realmente responsáveis pelas escolhas que fazemos *conscientemente*.

Podemos escolher dar esse primeiro passo da jornada do herói soular a qualquer momento da vida. Não precisamos esperar até que estejamos mais velhos, mais espertos ou ricos, até que tenhamos mais tempo ou nos sintamos mais felizes.

Como todas as outras escolhas, essa também tem implicações e conseqüências, pois assumindo responsabilidade por nossas escolhas conscientes, inevitavelmente, expandimos a consciência. Começamos a perceber, de modo tanto claro quanto sutil, as escolhas que fizemos e continuamos a fazer — escolhas que até então eram inconscientes.

Este é o momento de re-lembrar a nós mesmos, caso necessário, que não devemos nos arrepender das escolhas do passado. Nós a fizemos no plano da nossa percepção passada. E as experiências relativas àquelas escolhas nos trouxeram ao grau da nossa percepção atual.

Tendo dado esse primeiro passo, também conseguimos perceber que, ao continuar fazendo as mesmas escolhas que fizemos no passado, chegaremos quase que inevitavelmente aos mesmos resultados. Portanto, se quisermos mudar o futuro, é preciso mudar o presente.

O segundo passo: medo — ou amor?

O segundo passo da jornada do herói soular é escolher o amor, em vez do medo, em pensamento, palavra e ação.

Pesquisas mostram que o medo leva o corpo a se contrair — nós, literalmente, nos retraímos, prontos para lutar ou fugir. Esse mecanismo se desenvolveu como meio de sobrevivência. Entretanto, muitas pessoas estão constantemente sobrecarregadas de medo, mesmo quando não há perigo imediato ou real. Esse medo crônico pode se expressar como uma fobia específica ou de um modo mais generalizado, como o medo de se comprometer ou de atingir o sucesso. Na melhor das hipóteses, ele limita nossa capacidade de participar totalmente da vida e, na pior, nos debilita e nos tranca numa prisão construída por nós mesmos.

Esse é o *nosso* medo. Nós o possuímos, pois basicamente ninguém mais poderá nos deixar temerosos. Embora, é claro, haja pessoas que deliberadamente incutam medo nos outros, elas só conseguem ser bem-sucedidas se as pessoas se permitirem responder desse modo. Durante a Segunda Guerra Mundial, o líder britânico Winston Churchill disse uma verdade ao afirmar: "Tudo que temos a temer é o próprio medo."

Como nos relacionamos com as pessoas a nossa volta, com amor ou com medo? Para a maioria das pessoas, os parceiros, amigos e familiares são "entes queridos". Durante os terríveis acontecimentos do 11 de Setembro, as últimas mensagens das pessoas que morreram naquele dia para seus pais, filhos, maridos e para suas esposas foram de amor. Mas como, além dos "entes queridos", nos relacionamos com a vasta comunidade humana? É com amor?

Com "amor" significa uma atitude que percebe o mundo como uma totalidade inter-relacionada, uma atitude que procura pelas coisas que temos em comum, em vez daquelas que aparentemente nos separam. Esse amor não é cego às circunstâncias do mundo manifesto, mas capaz de perceber, embora ilusoriamente, a harmonia holográfica e o propósito que está subjacente e que as guia.

Enquanto as energias do medo vêm da carência e separação, as energias do amor são de abundância e relacionamento. Mas esse tipo de amor nem sempre é fácil de sentir por aqueles que percebemos como diferentes de nós, e o medo costuma ser a emoção mais imediata. Na dinâmica dos relacionamentos humanos, e dada a herança geralmente violenta e abusiva da nossa diversidade étnica, cultural e religiosa, temos muito a fazer para reconciliar e curar.

Essa reconciliação só pode começar dentro de cada um de nós. Mas, como veremos no próximo capítulo, é na vontade de fazer isso, ou não, que se fundamenta o destino coletivo. Vivemos numa época que pressagia uma grande mudança. Como disse Martin Luther King: "Ou nadamos juntos como irmãos ou nos afogamos separadamente como tolos." Não podemos solucionar as questões globais que nos confrontam atuando de modo independente. Se não conseguirmos iniciar o processo de cooperação *autêntica*, nenhuma família, nação ou qualquer grupo terá um futuro sustentável.

Individual e coletivamente, podemos responder aos riscos conhecidos e às possibilidades desconhecidas com medo ou com amor.

O amor a que nos referimos não é "meloso". Ele não conspira ou se compromete com ações baseadas no medo. Mas tem compaixão e procura compreender as pessoas que o perpetuam e habilitar aqueles que têm medo de descobrir um modo mais amoroso de ser.

Tal descoberta só poderá surgir se aqueles mais conscientes forem mais amorosos. Não podemos dizer: "Faça o que eu digo, não o que eu faço." Como indivíduos, grupos e nações, se não formos autenticamente amorosos, não poderemos esperar que outros, menos conscientes, também possam se tornar. As energias de nossas intenções e motivações, como já vimos, direcionam os resultados das nossas escolhas e ações. Energeticamente, o fim não justifica os meios, pois os meios *se tornam* o fim, e estaremos nos iludindo se pensarmos o contrário.

Amar não é "gostar"

Mas como escolhemos o amor em vez do medo?

Primeiro, amar alguém ou algo não é necessariamente o mesmo que gostar. Gostamos de alguém porque a pessoa ressoa conosco no plano pessoal. Essencialmente, *gostamos* de alguém porque a pessoa é *como* nós somos.

O que quero dizer é que tendemos a gostar de pessoas com quem compartilhamos os mesmos valores ou a mesma visão de mundo, mais do que uma simples questão de ter os mesmos gostos. Quando gostamos de alguém desse modo, fica mais fácil transferir o gostar para o amar.

Às vezes, entretanto, podemos perceber que amamos alguém de quem, de fato, não gostamos. Observo que isso é mais comum nas famílias, quando sentimos que temos muito pouco em comum com um irmão, pai, filho, com uma irmã, mãe ou filha e, mesmo assim, os amamos.

Na verdade, como já vimos com os traumas arquetípicos que encenamos em nossa vida, é freqüente os grandes traumas serem incorporados nos relacionamentos familiares. Essa dor se aprofunda pelo fato de estar associada àqueles que sentimos que deveriam ser os mais próximos e queridos.

No Capítulo 5, exploramos como, ao despertar nossa percepção, progressivamente acessamos e equilibramos os chacras pessoais. Se permanecermos no plano de consciência dos três chacras inferiores, estaremos numa busca contínua de segurança, prazer e poder — e os sentimentos nutridos por outras pessoas se basearão nessa perspectiva. Ao despertar e equilibrar o chacra do coração e os superiores, começamos a desenvolver a capacidade de amar. Do contrário, o que chamamos de "amor" está de fato baseado em algum tipo de controle. O amor não procura controlar, mas sim apoiar.

Esse amor, embora não exija que necessariamente gostemos do beneficiário do seu foco, permanece pessoal. Quando começamos a acessar as energias do oitavo chacra do coração universal, contudo, o amor que sentimos por outros transcende o amor pessoal e se torna compaixão. Começamos a experimentar a profunda interligação de todo o Cosmos e, assim, enxergamos mais claramente que o medo se origina da ilusão da separação. Vemos também oportunidades de curar esse medo amando, tanto a nossa própria vida quanto o mundo ao nosso redor.

E, ao prosseguir passo a passo nossa jornada rumo à totalidade, atingimos a realidade do amor incondicional.

O terceiro passo: integrar

O amor que o aspirante a herói soular abraça não é cego. Ele percebe a diversidade da dança de luz e sombra que permeia o mundo e tudo nele contido. Porém, com compaixão.

A maioria das pessoas, embora nem todas, prefere se ver sob a melhor luz possível. Seu comportamento pode incorporar padrões arquetípicos que são capazes de negar ou racionalizar, mas acho que há muito poucas que, ao se olhar no espelho a cada manhã, vêem alguém que consideram "mau". Entretanto, todos nós incorporamos a relatividade — ou a real-atividade — de luz e sombra. O terceiro passo da nossa jornada do herói soular é reconhecer tais polaridades em nós mesmos. Assim, podemos começar a abraçar sua realidade, solucionar seus desequilíbrios e nos tornar inteiros.

Quando incorporamos um desequilíbrio energético, geralmente num plano inferior ao da percepção consciente, temos a sensação de que está faltando algo em nossa vida. Essa sensação de solidão é nosso modo de expressar a perda ou a não realização da totalidade interior. Podemos procurar, exernamente, seu preenchimento, especialmente com relacionamentos. Ao entrar num relacionamento desse modo, podemos acabar descobrindo que a solidão sentida por nosso parceiro também desempenhou seu papel, impulsionando-o para uma relação. Contudo, sejam quais forem as motivações, nossos relacionamentos nos proporcionam contínuas oportunidades de cura.

Entretanto, alguém ou algo externo a nós nunca poderá compensar nossa sensação de solidão. Somente quando reconhecemos isso e olhamos para dentro de nós, temos a oportunidade de dar os passos que vão do ser solitário ao ser completo, ou uno.

Como um ser solitário, sentimos que algo está faltando em nossa vida; como um ser completo, somos uno, nos fortalecemos. Explorar esse tipo de unidade, nosso verdadeiro senso de *self*, é um aspecto fundamental da experiência humana.

Sempre aspirando à cura interior e uma maior percepção, nos religamos e re-lembramos de aspectos cada vez maiores da nossa alma. E, à medida que vamos nos integrando, seguimos da solidão para a unidade.

O quarto passo: apareça!

O quarto passo da jornada do herói soular é incorporar coerência e alinhamento com o fluxo do Cosmos e nosso próprio propósito superior. Nosso *self* superior nos oferece as oportunidades de explorar tais experiências todos os dias, mas precisamos "aparecer", nos dispondo a vivê-las.

Ao nos abrirmos às orientações do nosso guia superior, baseamos nossas intenções na compreensão do propósito superior — o da nossa alma. Estamos então habilitados a incorporar nosso destino nesta vida, seja ele qual for, com consciência e alegria.

Se nosso propósito superior é manter as circunstâncias da nossa vida como estão, nós nos transformamos interiormente e transcendemos nossa atitude em relação a elas.

De qualquer modo, mantendo as mesmas circunstâncias, ou não, nosso propósito superior nos será revelado e estaremos aptos a compartilhar talentos singulares a serviço de todos.

O quinto passo: Agora

O holograma cósmico é co-criado a cada momento. É só no presente cósmico — o Agora — que fazemos nossas escolhas e passamos pelas experiências da vida. Contudo, já foi calculado que pelo menos um terço de nossas energias, como expressas pelos pensamentos e pelas emoções, se concentra no passado, e outro terço, no futuro. Isso deixa apenas um terço da nossa atenção energética no presente.

Apegar-se a padrões energéticos do passado resulta em arrependimento, pesar ou raiva. Ao extremo, repassamos os acontecimentos sem nenhuma possibilidade de resolução ou dissolução.

Por outro lado, ao nos concentrarmos no futuro, nossa intenção pode ser uma fuga ilusória dos desafios do presente ou uma tentativa de focar nossos medos em circunstâncias desconhecidas.

O que o passado nos deixou é, indiscutivelmente, história. Não podemos mudá-la, embora possamos judiciosamente, como vimos, obter maior compreensão do que se passou para iluminar o presente e curar o futuro. E só podemos influenciar esse futuro pelas escolhas que fazemos no presente — no Agora.

Quanto mais sedutor nosso futuro parecer, mais ficamos tentados a ignorar o presente. Inversamente, quanto menos positivo o presente se mostra, mais nos retraímos temerosos, geralmente na segurança do passado. Mas, para participarmos de nossa vida, devemos vivê-la do modo mais autêntico possível. Se fôssemos capazes de prever ou garantir o futuro, seria como ler o final de um livro ou saber como termina uma peça de teatro. Se fôssemos capazes de conhecer o resultado da nossa vida, por que prestaríamos atenção aos acontecimentos intermediários?

Conforme caminhamos pela vida, sendo capazes, fisicamente, de apenas colocar uma perna diante da outra, mantemos o equilíbrio. De modo similar, sendo capazes de notar não mais que o próximo "passo" da percepção, mantemos nosso equilíbrio espiritual. Isso nos possibilita fazer escolhas com nossa consciência maior.

Assim, esse quinto passo na jornada do herói soular — viver no Agora — é o passo que damos a todo momento.

Onda de ser

Muitos de nós encaram a vida como uma corrida. Corremos de uma experiência para outra, de um prazo para outro, convencendo-nos de que é desse modo que devemos viver. Mesmo quando estamos cronicamente exaustos ou estressados a ponto de um colapso, forçamo-nos a continuar, em vez de fazer uma pausa e confrontar nossas escolhas.

O materialismo ocidental persuadiu um vasto número de pessoas que esse tipo de vida frenética é o único possível, e que "mais de" e "um novo modelo" são sinais de saúde e de abundância. Se esse fosse o caso, nosso grau de felicidade e saúde certamente seriam muito mais elevados do que os dos nossos pais e avós. Contudo, todos os estudos recentes demonstram que, de modo geral, nosso bem-estar físico, emocional e mental é coletivamente inferior ao deles.

Entretanto, como observamos ao longo de *O oitavo chacra*, neste momento de crise, nossa percepção superior e a do Cosmos nos possibilitam re-lembrar de nós mesmos, se assim quisermos. Podemos então transformar a corrida em graça.

Nosso próprio *self* superior nos oferece a compreensão de como transformar "nosso modo de ser" em "onda de ser". Se essa for nossa escolha, poderemos nos habilitar não para "seguir com o fluxo", mas para nos *tornar* o fluxo.

O sexto passo: respeito mútuo, amor e gratidão

O sexto passo da jornada pode representar um grande salto para muitos de nós. Nos últimos séculos, as autoridades religiosas nos informaram que só poderíamos abordar o Divino por intermédio de terceiros. A ciência foi mais adiante e insistiu que o Divino é ilusório, e que só a raça humana e talvez alguns animais são conscientes. Os insights e as experiências dos antigos e dos povos primitivos foram classificados como disparates supersticiosos. E qualquer pessoa capaz de se conectar com a consciência arquetípica dos Devas e dos Anjos foi tratada, na melhor das hipóteses, com escárnio.

Entretanto, como vimos, a ciência e o Espírito começam a se reconciliar. E, cada vez mais, as pessoas experimentam diretamente as realidades que a mídia convencional e a ciência desatualizada continuam a negar e desacreditar.

Portanto, agora a escolha é nossa: vamos continuar a fazer parte do problema materialista ou faremos parte da solução integrada?

A escolha de incorporar nossa percepção integral, contudo, é uma escolha de grande responsabilidade, pois sabemos que expandindo nossa percepção e acessando as energias dos chacras transpessoais nos religamos à consciência multidimensional de Gaia, do Sistema Soular e do Cosmos. Se não reconhecermos que somos, sem exceção, companheiros de viagem, faremos um desserviço a esses seres superiores e a nós mesmos. Respeito mútuo, amor e gratidão são conceitos-chave para esses relacionamentos espirituais. Aprendendo e crescendo, teremos esses seres como mentores amorosos e guias espirituais. Eles não são nossos mestres nem pedem ou querem ser. Tudo que eles desejam é que incorporemos nosso destino.

O sétimo passo: ouvir e escutar

Quando conseguimos manter um diálogo com nossos mentores espirituais e com nosso *self* superior, somos capazes de ouvir nossa orientação intuitiva e a deles. Não só ouvir mas também *escutar* ativamente essa sabedoria é o próximo passo da nossa jornada interna rumo à totalidade.

Por experiência própria descobri que a sabedoria que emana desses domínios superiores convida, em vez de instruir; é inclusiva, em vez de exclusiva; e fala ao nosso senso de serviço, em vez de falar ao nosso senso de *self*. Tal sabedoria procura nos fortalecer. Encoraja-nos a incorporar nosso propósito superior e nos oferece as oportunidades para isso.

No passado, havia boas razões para que todas as jornadas iniciatórias, especialmente a do herói soular, fossem seguidas passo a passo. Se o nosso ego-*self* permanecesse desequilibrado no acesso às energias superiores, nós não mantínhamos contato com nosso *self* superior, mas com os planos inferiores da consciência que atuam em nosso senso de importância baseado no ego. Por isso que gurus, mestres bem-intencionados e sábios acompanhavam seus discípulos ao longo dos caminhos da iniciação espiritual.

No presente, entretanto, só nos tornamos, individual e coletivamente, capazes de acessar os chacras recentemente disponíveis no campo energético unitário quando nosso *self* superior se assegura de que estamos prontos. Essa prontidão se apresenta pela dissolução de nossos apegos egóicos.

Diferente dos peregrinos espirituais do passado, que conseguiam atingir certo grau de "fortalecimento do eu" por força do intelecto egóico ou da vontade, nós só conseguimos acessar o coração universal do oitavo chacra quando nosso *self* superior sabe que estamos prontos. A vontade consciente de empreender a cura que exploramos em *O oitavo chacra* nos leva ao ponto de prontidão.

O oitavo passo: verdade amorosa

Quando cantamos afinadamente, descrevemos as notas como sendo "verdadeiras". Da mesma forma, ao incorporarmos nossa verdade, estamos essencialmente "afinados" conosco. Os princípios cósmicos pelos quais a consciência explora o Cosmos holográfico asseguram que sejamos verdadeiros não só conosco, mas com o todo.

O oitavo passo da nossa jornada, então, é sermos autênticos e amorosamente verdadeiros conosco, em todas as nossas relações e com o vasto Cosmos.

Ser amorosamente autêntico é ser amoroso e sincero, e isso é necessário para darmos o próximo passo. Às vezes percebemos que algo é verdade, mas preferimos nos calar porque não queremos magoar a pessoa. Embora essa escolha possa ser vista como amorosa, na realidade ela nos afasta daquela pessoa em certo grau. Por exemplo, podemos ver um amigo agindo de um modo que achamos desconfortável. Mesmo assim, para manter a amizade, decidimos ficar calados. Em vez de dizer algo, procuramos ignorar ou negar as atitudes dele ou, então, nos afastamos.

Duas amigas queridas que tenho perceberam que estavam agindo desse modo uma com a outra. Finalmente, reconheceram que cada vez que não conseguiam dizer algo o relacionamento delas dava um passo para trás. Conforme a relação foi se distanciando, elas ficaram consternadas. Finalmente, resolveram ter uma conversa franca e falaram tudo que não havia sido dito. Naquela ocasião, elas prometeram dizer uma a outra qualquer coisa que sentissem ser necessário para que continuassem sendo verdadeiras consigo mesmas — e uma com a outra.

O modo como conseguiram falar francamente foi determinante. Cada uma preferiu falar com a energia amorosa da verdade, em vez de falar sem pensar sobre suas discordâncias. E cada uma foi capaz de escutar a verdade da outra, mesmo quando sentiram que não estavam sendo bem interpretadas.

Verdade amorosa não significa consentimento; não é passiva, nem cega, muda ou surda. Realmente envolve escutar o ponto de vista do outro — que talvez ele não consiga expressar de maneira amorosa.

Podemos fazer a escolha de ser amorosamente verdadeiros com aqueles que consideramos os mais queridos, e com os estranhos. Como emana do coração, especialmente do coração universal do oitavo chacra, essa verdade amorosa nunca poderá magoar alguém. Expressa nossa verdade de sentimentos e situações que talvez, conscientemente, não quiséssemos ouvir, mas nos oferece a dádiva de um profundo entendimento de nós mesmos. A escolha, então, é de ser ou não amorosamente verdadeiro consigo mesmo.

O nono passo: discernimento

Há um velho ditado: "Cada qual sabe onde lhe aperta o sapato." Contudo, quantas vezes nos surpreendemos julgando os outros sem entender suas razões para agir deste ou daquele modo? E será que podemos acreditar que conhecemos alguém tão bem a ponto de fazer tal julgamento?

Entretanto, há uma importante diferença entre julgamento e discernimento. Quando achamos que algo não é certo ou apropriado para nós, estamos reconhecendo ou vendo uma situação com base na nossa própria verdade. Embora nossa verdade possa não estar de acordo com a perspectiva do outro, mesmo assim podemos escolher ser autênticos, expressando nossa verdade de um modo amoroso.

No entanto, quando julgamos alguém ou algo, projetamos nosso próprio ponto de vista naquela pessoa ou situação. Para nos lembrar das implicações dessa verdade, Jesus disse: "Não julgueis para não serdes julgados."

Enquanto o julgamento eleva barreiras que muitas vezes resultam em maior desentendimento e exclusão, o discernimento nos possibilita estabelecer limites adequados. Compreender a diferença entre os dois e incorporar o discernimento em vez do julgamento é o nono passo na jornada do herói soular.

O décimo passo: reverenciar a experiência

Cada passo dado na busca de ser um herói soular é crucial para a realização da jornada. Quando conseguimos transcender o julgamento e reconhecer o discernimento, capacitamonos para dar o décimo passo, que é o de reverenciar todas as experiências sem condenar, desculpar ou conspirar.

Às vezes, esse passo parece ser os filmes e episódios da série *Missão Impossível*. Talvez você se lembre de que, no início de cada missão, os intrépidos heróis ouvem: "Sua missão, caso você a aceite..."

Nós também podemos escolher aceitar ou não, e algumas das nossas missões espirituais podem parecer bem impossíveis, embora eu, pessoalmente, ache que nenhuma delas é. O comentário de Madre Teresa, de que nunca nos é dada uma missão maior do que aquilo que na verdade podemos executar, é um dos que guardo no coração.

Certamente que a jornada do herói soular nunca é entediante! Todos os dias, nosso *self* superior e o Cosmos nos oferecem modos interessantes, intrigantes e irritantes de entender e dar aquele passo a frente rumo a uma percepção maior.

Reverenciar as próprias experiências é ser capaz de reconhecer o propósito delas, mesmo — e talvez especialmente — quando são enganosas. Reverenciar é um modo de respeitar as intenções do nosso *self* superior e reconhecer a integridade da consciência. Reverenciar nossas experiências pessoais e coletivas desse modo não só é fundamental para dissolver nossos traumas, como nos ajuda a perdoar os outros e a nós mesmos, e assim nos reconciliamos com o passado e conseguimos seguir em frente com o coração mais leve.

O décimo primeiro passo: a regra de ouro

O 11º e penúltimo passo da jornada, Jesus também tentou nos mostrar. É descrito como a "regra de ouro", pois é a mais preciosa das sabedorias. Quando conseguimos viver sob este simples, mas profundo preceito, realmente incorporamos nossa totalidade, dando-nos conta de que somos todos um só.

A regra de ouro nos pede para tratar os outros do mesmo modo que queremos ser tratados.

Ao longo da História, os acontecimentos mais traumáticos ocorreram quando, por ignorância ou intencionalmente, não levamos em consideração essa orientação suprema. Inevitavelmente, os princípios cósmicos lançaram então as implicações do olho por olho, dente por dente de nossas escolhas.

No eterno Agora, o universo está em constante renovação. Neste momento, enquanto você lê estas palavras, faça sua própria escolha.

O décimo segundo passo: serviço cósmico

Agora estamos no limiar do 12º passo, que nos leva ao nosso destino de heróis soulares. Quando nos olhamos, notamos algo. Não *estamos* nada diferentes de quando começamos, mas, ao dar este último passo, nos *enxergamos* pela primeira vez. Vemos que somos inteiros e todos um só. Na consciência da própria alma, compreendemos por fim, e com amor incondicional, a incrível fragilidade e, no entanto, a impressionante força do nosso ego-*self*. E agora sabemos como transmutar o pequeno fortalecimento de um ego amedrontado em um fortalecimento maior do serviço cósmico auto-realizado.

O 12º passo é a incorporação do serviço cósmico da alma.

A jornada do herói soular

Os 12 passos dados pelo aspirante a herói soular são mais uma dança que uma caminhada, no sentido de que raramente são seqüenciais. Precisamos voltar sobre nossos passos para incorporar o profundo conhecimento que eles trazem à consciência.

Como numa dança, quanto mais leve se é, melhor. Essa leveza se expressa quando levamos a sério a dança cósmica sem nos levarmos a sério. Quanto mais conseguirmos rir de nós mesmos, mais conseguiremos abrir a mente, o coração e a vontade para o rigor e desafios ao longo do caminho.

Antes, porém, de continuarmos a subida espiralada para a nossa alma, vamos reiterar nossa percepção desses 12 passos da dança cósmica da totalidade:

- Aceitar a responsabilidade por nossas escolhas.
- Escolher amar, em vez de temer.
- Integrar luz e sombra e enxergar além de suas polaridades.
- Alinhar-se conscientemente com o fluxo cósmico.
- Viver no Agora.
- Respeitar o Cosmos consciente e todos os seus domínios.
- *Escutar* intuitivamente o *self* superior.
- Expressar a verdade amorosa.
- Discernir, em vez de julgar.
- Reverenciar toda a experiência sem condenar, desculpar ou conspirar.
- Seguir a regra de ouro em pensamento, palavra e ação.
- Incorporar a capacitação do serviço cósmico.

Vivemos numa época de transformações sem precedentes, portanto, vejamos agora como podemos prestar serviço enquanto encaramos nosso desafio coletivo de superar os padrões históricos e de dar à luz uma nova era cósmica.

CAPÍTULO 11

Com-unidade

N os últimos anos, o Projeto Genoma Humano vem pro-curando mapear a seqüência do DNA humano. Em uma pletora de resultados inesperados, ele revelou que há um leque maior de disparidades genéticas no meio de um grupo familiar médio de chimpanzés do que entre os mais de seis bilhões de membros de toda a raça humana.

Nossas características físicas e nossos atributos raciais e étnicos, que são o sustentáculo de tantos dos nossos medos preconceituosos, surgem de diferenças menores entre nós que, reunidas, são responsáveis por uma diminuta propor-ção de toda nossa formação genética.

A busca pelas origens das marcas genéticas arquetípicas em toda a população mundial também tem levado os pes-quisadores a concluir que os primeiros seres humanos mo-dernos surgiram entre 150 e 200 mil anos atrás, oriundos de um pequeno grupo, provavelmente somando uns pou-cos milhares de indivíduos. Desde então, nossos contínuos acasalamentos nos tornaram inter-relacionados — nós, sem exceção, compartilhamos uma consangüinidade.

A família humana está construída sobre nossa unidade fundamental como espécie. Sua riqueza de expressão surge não de nossa herança genética, mas principalmente das interações de nossa personalidade, circunstâncias ambientais e diversidade cultural.

As três ondas primárias da consciência que formam a essência harmônica do nosso ego-*self* incluem o modelo biológico incorporado em nossos genes, a personalidade e o ambiente. São suas interações, dentro de nós e com os outros, que servem de base para nossa individualidade e para a diversidade da experiência humana coletiva.

Influências

Albert Einstein, Isaac Newton e Carl Jung defendiam a interação do Sistema Soular com a psicologia humana — a antiga ciência da astrologia. E, como explorado no Capítulo 8, a astrologia oferece profundas revelações sobre a personalidade, as influências coletivas e as que abrangem gerações.

Um estudo sobre crianças, no Reino Unido, também considera que a maior diferença entre o comportamento delas e sua interação com o mundo externo parece surgir das variações em suas personalidades. Os pesquisadores investigaram crianças sob as mesmas influências ambientais, estudando irmãos, tanto gêmeos quanto de idades diversas. Eles concluíram que, a partir do nascimento, a personalidade de uma criança é o fator mais significativo a determinar como indivíduos diferentes lidam com circunstâncias semelhantes.

A terceira onda de influência que molda nossa experiência humana é constituída pelos fatores ambientais, que tanto no plano pessoal quanto no coletivo são incrivelmente diversos. A família e a vasta herança cultural e étnica em que nascemos nos influenciam, de modo profundo e trivial, nos planos consciente e subconsciente. Conforme amadurecemos e exploramos a vida, nossas circunstâncias mutáveis acabam formando poderosas ondas de orientação para nosso crescimento interno e externo.

Ou talvez não, porque, como vimos, podemos preferir nos retrair a lidar com os novos desafios que encontramos.

Memes

No Cosmos holográfico, a jornada humana pessoal representa um microcosmo da jornada de toda a família humana. Cada um de nós é único, pois a consciência sempre é criativa. Contudo, acabamos compartilhando uma herança comum e um destino coletivo. Todos experimentam os desafios e as alegrias de ser humano, todos lutam com seus medos e se regozijam com amor. Todos têm esperanças e todos se desesperam.

Nosso ego-*self*, contudo, nos oferece sua perspectiva individual sobre o vasto mundo rotulando pessoas, objetos e situações. Esses rótulos incorporam uma percepção real e empírica, e também suposições, crenças e percepções. Os mais complexos estão cheios de associações psicossociais e organizacionais. Esses rótulos se denominam "memes".

Da mesma forma que os nossos genes formam as espirais do DNA e assim criam a fotocópia do corpo físico, os memes que incorporamos formam o modelo de visão de mundo com que percebemos o Cosmos emocional e mentalmente.

Os memes reúnem nossa realidade atual a partir das memórias do passado. Portanto, tentamos regularmente familiarizar o desconhecido ligando os memes embutidos na nossa percepção às novas situações e pessoas. Os rótulos que utilizamos são ricos em associações. Portanto, quando encontramos algo ou alguém desconhecido, podemos "resumi-lo", antes mesmo de saber do que ou de quem se trata.

Cada um nasce numa certa herança cultural, cuja visão memética do mundo herdamos. Conforme nos desenvolvemos como indivíduo, nossa percepção se expande e, então, podemos, num grau ou outro, abraçar ou rejeitar as normas meméticas da cultura em que nascemos.

Nosso próprio grau de percepção, expresso pela personalidade, acaba formando a base da visão de mundo que adotamos.

Dinâmica Espiral

Como família humana, estamos nos desenvolvendo individual e coletivamente, mas, como em qualquer família, a percepção dos diferentes membros ocorre em níveis variados. O desenvolvimento da percepção nos planos pessoais e comunitários não é um processo linear, mas ocorre em ondas, cujas interações são complexas e diversificadas. Até agora, em *O oitavo chacra*, exploramos alguns dos processos dinâmicos pelos quais, como indivíduos, expandimos nossa consciência.

Na tentativa de compreender como organizações e culturas diferentes crescem e se desenvolvem como um todo, na década de 1980, a psicóloga Clare Graves liderou uma abordagem denominada Dinâmica Espiral, que desde então vem sendo solidamente desenvolvida por Don Beck, Christopher Cowan e outros. A premissa básica é modelar visões culturais e genéricas do mundo como uma espiral de níveis de consciência em desenvolvimento.

O modelo subdivide as visões do mundo em oito níveis, abrangendo toda a sociedade humana. Cada um deles incorpora uma psicologia particular àquele nível de percepção, trazendo certas crenças e sentimentos, agrupamentos sociais, econômicos e políticos e normas culturais de valores, motivações e metas. Cada um deles, Beck e Cowan afirmam, surgiu historicamente em resposta às condições de vida, que foram ficando cada vez mais complexas. Entretanto, o mais importante é que os níveis não são nem rígidos nem estáticos. Essencialmente, cada um deles forma uma onda de maior percepção e incorpora as características intrínsecas de uma onda em suas fases de formação, ápice e queda.

Os atributos genéricos dos oito níveis do chamado *Spiral Dynamics integrated (SDi) model* [modelo integrado da Dinâmica Espiral, ou modelo SDi] seguem resumidos, com base no livro do mesmo nome, de Beck e Cowan.

Beck e Cowan escolheram cores para classificar cada nível, a fim de apresentá-los o mais neutros possível e, assim, minimizar os julgamentos e facilitar a apreciação dos oito níveis como autênticas expressões da experiência humana. Na verdade, a expressão saudável de cada um dos oito níveis é percebida como contribuinte à saúde de toda a espiral da percepção e do desenvolvimento humano.

A espiral da percepção

O modelo SDi considera que todos os oito níveis são respostas a uma crescente complexidade e podem ser percebidos em todos os processos históricos.

O nível *Bege* é arcaico, e como o foco dos chacras inferiores, é dominado pela motivação básica da sobrevivência. Embora esse nível atualmente envolva uma parcela minoritária da população humana, ele ressurge em épocas de extremo estresse, como nas guerras e nos episódios de escassez.

232 O OITAVO CHACRA

O nível *Roxo* se caracteriza pelas comunidades tribais com laços extensos de parentesco. Expressa sua visão do mundo pela magia e pelos rituais e, desse modo, tem por esteio uma profunda percepção do entrelaçamento da vida e seus mistérios.

Os impérios de antigamente incorporavam o nível **Vermelho** de percepção, sendo autoritários, hierárquicos e exploradores do outro. Esse nível reverencia os heróis e os mitos, e requer provas comunitárias de respeito.

O nível *Azul* é geralmente conformista e leal ao que é percebido como as verdades do grupo. Dissidência e heresia são temidas e tidas como traições.

Individualista e orientado para o sucesso material e para a vantagem pessoal, o nível *Alaranjado* reequilibra o conformismo comunitário no que concerne às necessidades e aos direitos pessoais, mas geralmente com menos ênfase nas responsabilidades.

O nível **Verde** procura equilibrar as necessidades do indivíduo com as da comunidade e opera a partir de um ponto de vista humanístico. A importância das pessoas em geral, seus sentimentos e preocupações sociais são enfatizados, como também os interesses comunitários.

Esses seis primeiros níveis formam, supostamente, o primeiro renque de consciência e são principalmente descritivos de visões históricas do mundo. O sétimo e oitavo níveis formam, então, as primeiras duas expressões de um segundo renque de consciência que agora está desabrochando. São os níveis Amarelo e Turquesa.

O nível *Amarelo* de percepção é o primeiro de uma série de níveis que conseguem abraçar perspectivas múltiplas. É orientado para a integração e assume visões cada vez mais integrais do Cosmos. Geralmente aberto a mudanças, caracteriza-se pelo pensamento sistemático, onde o todo é visto como maior que a soma de suas partes.

O emergente nível *Turquesa* vem sendo incorporado no mundo agora. Focado no holismo global, na interligação espiritual e na natureza proposital da vida, ele reconcilia coração e mente e está consciente da natureza holográfica do Cosmos. Esse oitavo nível emerge exatamente quando as energias do oitavo chacra tornaram-se disponíveis para os seres humanos. Talvez não seja por acaso que sua cor, turquesa, seja sentida como a energia vibracional do coração universal por muitas pessoas que acessam o oitavo chacra.

Espirais holográficas

As espirais existem em toda a natureza, em todas as escalas da existência, desde as espirais do DNA nas células da vida biológica à majestade das galáxias em espiral. A criatividade lhes é inata, pois seus ciclos são dinâmicos, expansivos, com finais em aberto.

As espirais psicossociais descritas pelo modelo SDi nos levam de um nível passado de desenvolvimento ao presente e revelam o potencial para o futuro. Descrevem nossa evolução social a partir dos grupos familiares da pré-história às tribos, nações e aos impérios dos últimos milênios e até à com-unidade global emergente do presente e do futuro.

Nosso crescimento psicológico também é abarcado por esse modelo. Nossa consciência individual e coletiva se expandiu do ser egocêntrico para o etnocêntrico e agora está se tornando mundicêntrico.

Mas, como enfatizam Beck e Cowan, a família humana abarca todos esses níveis de consciência *simultaneamente*. Quando começamos a atingir a interdependência caracterizada pela nossa com-unidade, precisamos estar cônscios de que esta época de transição é verdadeiramente uma crise que oferece riscos e oportunidades, e atentos aos insights proporcionados pela abordagem SDi à mudança.

Situações

Outro aspecto das espirais da percepção proposta pelo SDi é que circunstâncias e níveis de estresse diferentes criam diferentes modos de expressão. Por exemplo, um indivíduo ou uma cultura pode operar, digamos, no nível Alaranjado no que diz respeito a sua própria comunidade, e no nível Vermelho em relação àqueles que considera estrangeiros. E em épocas de estresse, ele pode mudar do nível Alaranjado para o Azul em relação à sua comunidade.

No caso do despertar dos chacras, se os níveis psicológicos inferiores estiverem desequilibrados e sem integração, ao ascendermos aos níveis superiores de percepção, questões remanescentes aliadas aos chacras inferiores serão reativadas. A pesquisa do SDi afirma que o mesmo ocorre quando mudanças radicais são impostas a pessoas e grupos que ainda não estão prontos para recebê-las.

Portanto, Beck e Cowan argumentam que mudanças sustentáveis geralmente só podem ocorrer em pequenos estágios. Assim, em seu livro, eles encorajam os processos de mudança que respeitam e satisfazem as pessoas onde elas estão, em vez de tentar impor transformações radicais, com seus riscos inerentes de fracasso e retrocesso. Desse modo, oferecem assistência prática para apoiar as pessoas no avanço para paradigmas mais evoluídos, mas não mais que meio nível por vez.

Em todos os níveis, tanto os indivíduos quanto as culturas também são descritos pela abordagem SDi como potencialmente abertos, presos ou fechados às mudanças. Quando são abertos, a escolha de mudar para um nível superior de percepção pode lhes ser oferecida, uma estratégia promissora de transformação. Quando estão presos num estágio em particular, estratégias evolutivas são mais necessárias do que as revolucionárias. Mas, quando estão fechados, a transformação geralmente só se dará por meio de mudanças revolucionárias nas circunstâncias ambientais — essencialmente forçando as pessoas a mudar ou perecer.

Condições

A natureza dinâmica do modelo SDi nos permite considerar não só os níveis de percepção que as pessoas e as culturas incorporam e seu potencial para mudar, mas as condições necessárias para uma mudança sustentável.

Segundo Beck e Cowan, há seis condições fundamentais para uma mudança sustentável. Enquanto você as lê, observe como se aplicam, não só no plano comunitário, mas na sua vida:

A primeira, que já discutimos: é preciso estar aberto à possibilidade de mudança.

A segunda é novamente uma ressonância holográfica do nosso crescimento pessoal. Se houver questões residuais

236 O OITAVO CHACRA

existentes num nível inferior, a mudança para um nível superior será inatingível ou se expressará de modo desequilibrado, a menos e até que aquelas questões do nível inferior sejam resolvidas.

É necessário também que haja dissonância entre as circunstâncias do atual nível de percepção, do contrário a oportunidade de mudar será ignorada, negada ou desdenhada.

A quarta: é preciso entender as causas subjacentes dessa dissonância existente e perceber as estratégias alternativas para sua resolução.

As barreiras existentes precisam ser identificadas e adequadamente trabalhadas para haver mudança.

Finalmente, em qualquer nível de mudança significativa é quase inevitável que haja uma confusão inicial relativa ao novo modo de ser. Durante esse período de consolidação, enquanto os novos memes vão sendo gradativamente incorporados, é necessário que haja apoio e validação constantes para a visão do mundo recém-surgida.

A virada da maré

Os benefícios da abordagem do SDi são fluidez, dinamismo e inclusão. Seus processos estão repletos de metáforas que descrevem a natureza fundamental do Cosmos holográfico: ondas, correntes, harmônicos e ressonância. Ela também reconhece a ação recíproca entre mudança gradual, evolutiva e saltos de percepção.

Com o passar dos anos, a teoria da evolução foi modificada de modo substancial em relação à proposta inicial de Darwin e agora reconhece que o princípio da progressão gradual é pontuado pela mudança revolucionária. Basicamente, são as complementaridades interativas dessas formas de mudança que têm, pelos últimos 4 bilhões de anos, respondido pelo surgimento da espécie humana.

Toda nossa história racial também experimentou a justaposição de períodos de lenta mudança evolutiva e rápidos saltos revolucionários. Realmente é difícil apontar um exemplo de mudança de paradigma que não tenha sido tumultuado e revolucionário em sua velocidade.

Embora as lições históricas e a pesquisa do SDi tenham nos mostrado que tais mudanças são insustentáveis quando impostas a uma mentalidade fixa, elas podem e realmente surgem quando o tempo e as circunstâncias estão maduras.

Um antigo ditado inglês afirma que: "O tempo e a maré não esperam por ninguém." Creio que estamos agora na época da virada dessa maré.

O oitavo nível

As influências astrológicas não só criam a diversidade das personalidades individuais como influenciam a evolução humana no plano coletivo e das gerações. No Capítulo 8, vimos como as Eras astrológicas incorporam uma influência tríplice e discutimos como a emergente Era de Aquário combina o plantio das energias aquarianas, o ápice das energias da Era de Peixes e o desaparecimento das energias da Era de Áries. A essência astrológica dessa Era emergente ressoa o oitavo nível do modelo SDi. Embora esse nível turquesa seja embrionário, os indicadores astrológicos sugerem que ele pode atingir um nível crítico num curto espaço de tempo.

Ao acessar as energias do oitavo chacra do coração universal, recentemente postas à disposição, nos tornamos pioneiros de tal percepção e também colaboradores no alcance do nível crítico que dá suporte à nossa coletiva Mudança de consciência coletiva.

Competir para cooperar

Uma das nossas exigências básicas no plano comunitário é equilibrar o comportamento competitivo com o de cooperação. O costume da competição surge de uma percepção do mundo como inerentemente escasso de recursos. Sua suposição fundamental se baseia numa equação de ganhar ou perder.

Embora reconhecendo que muitos recursos estejam realmente escassos, a cooperação busca chegar a soluções do tipo ganhar ou ganhar. Mas como aprendemos a cooperar?

Nem todos se dão conta de que a cooperação pode ser benéfica. No plano pessoal, é provável que com comportamentos egoístas e anti-sociais tenhamos encontrado um meio de acumular bens materiais, pelo menos a curto prazo. Há muitos grupos e até países que ainda acreditam que a competição e a agressão são mais benéficas aos seus interesses do que a cooperação. Contudo, os desafios globais parecem ser maiores agora do que em qualquer outra época da história. Portanto, como podemos aprender a cooperar coletivamente?

O cientista político Robert Axelrod fez essa pergunta na década de 1970. Ele desafiou profissionais do jogo a arquitetar a melhor estratégia de cooperação entre dois jogadores, sendo o resultado medido pelos benefícios derivados da confiança mútua e do relacionamento harmônico.

Um requisito básico do jogo, no entanto, era que os jogadores fossem inábeis na comunicação e, portanto, na negociação. Sob tais condições, nada incomuns nos assuntos humanos, a estratégia vencedora foi denominada "olho por olho, dente por dente".

Esse jogo vencedor teve início com os dois jogadores cooperando, e sua única regra era que um jogador faria qualquer coisa que seu oponente tivesse feito na jogada anterior.

Axelrod identificou quatro características de uma estratégia bem-sucedida:

- Não seja o primeiro a ofender.
- Retribua sempre.
- Responda ao outro jogador, em vez de fazer suposições sobre qual será o próximo passo.
- Faça o melhor que puder por si mesmo e pelos que representa, sem tentar ultrapassar o outro jogador.

Reconcilie

No jogo básico, a suposta falta de comunicação entre os jogadores não permitiu nenhuma outra coisa além da resposta prescrita do olho por olho a um ataque. Contudo, se aquele ataque não fosse deliberado, mas um engano, não só a técnica do olho por olho responderia com outro ataque, como a estratégia ficaria bloqueada, e os jogadores, incapazes de fugir do ciclo.

Quando a estratégia foi modificada para permitir a falha humana, permitindo que alguns ataques passassem sem "punição", ela ofereceu a oportunidade de liberação de um ciclo de ataque e contra-ataque.

240 O OITAVO CHACRA

O jogo do olho por olho, entre outros, mostrou que as respostas de pagar na mesma moeda impossibilitam a fuga de um padrão de ataques. As tragédias de tais ciclos que incluem gerações ainda podem ser vistas atualmente nos Bálcãs e no Oriente Médio. Somente pelo desejo de perdoar um aspecto da falibilidade de ambos os lados ou de se arrepender é que o padrão será rompido e a oportunidade para a paz surgirá.

A reconciliação, entretanto, requer a intenção de ambos os lados. Numa atmosfera de desconfiança e cinismo, pouco progresso pode ser feito. O necessário é um compromisso com a honestidade, um desejo de ir ao encontro do perdão e do desenvolvimento de uma atitude mútua de respeito e inclusão.

Na África do Sul, F. W. de Klerk e Nelson Mandela negociaram o fim do apartheid com o apoio da comunidade internacional porque os dois líderes incorporaram tal intenção e atitude.

A justiça é fundamental para a reconciliação de qualquer um desses ciclos e para a sustentabilidade de qualquer acordo. Para facilitar o processo de perdão e reconciliação, tribunais foram instalados na África do Sul pós-apartheid para reconhecer abertamente os abusos daqueles primeiros anos, trazer os perpetradores à justiça e liberar os indivíduos e a sociedade de sua culpa e raiva.

A África do Sul teve a felicidade de possuir líderes visionários, capazes de enxergar além da aparente inevitabilidade do *status quo* e desejosos de incorporar as aspirações de seu povo.

Embora esses líderes talvez sejam os primeiros catalisadores da mudança transformadora, eles agora não surgem só dos partidos políticos. Os indivíduos capacitados a acessar as energias do oitavo chacra estão descobrindo suas verdadeiras vozes e se tornando os precursores da mudança cultural e global.

Curar o todo

Em capítulos anteriores, analisamos maneiras de curar no plano pessoal, e no que acabamos de ler empreendemos uma jornada de 12 passos rumo à totalidade. A compreensão emergente do Cosmos holográfico e as lições da história nos informam que a jornada da nossa cura coletiva reflete a de cada um de nós. Curando o uno, curamos o todo. Cada passo necessário para nos curar é um passo que precisa ser dado em algum lugar do mundo atual.

A consciência do segundo renque do desenvolvimento humano, os níveis Amarelo e Turquesa, incorpora progressivamente a percepção do Cosmos holográfico. A consciência expressa pela visão do mundo do nível Amarelo reconhece o fluxo inato da natureza em toda sua abundância miraculosa. O foco está na flexibilidade e no enriquecimento da experiência sem magoar os outros. O entrelaçamento e a diversidade de expressão são valorizados, e a totalidade das culturas a nossa volta, apreciada. Antigos ensinamentos começam a ser novamente elogiados e respeitados, a Terra é, mais uma vez, considerada um ser vivo, sítios sagrados são redescobertos e a sabedoria do coração é re-abarcada. Há uma abertura para o aprendizado e a aquisição contínua de conhecimento. Tal aprendizado se ajusta a cada pessoa; para algumas, é basicamente intelectual, para outras, experimental; envolve a aquisição de habilidades que são úteis e aprazíveis. A mudança é reconhecida como inevitável, os temores relativos ao seu desconhecimento recuam e surfar nas suas ondas é entendido como exigência básica para o crescimento interior e o contentamento. Tentar planejar em detalhes é percebido como menos relevante do que fazer as escolhas mais conscientes no momento atual.

A consciência incorporada pela visão do mundo do nível Amarelo ainda é principalmente focada em si. Quando o nível Amarelo inicia sua transição para o Turquesa, começa a surgir uma perspectiva verdadeiramente global e um senso mais profundo de com-unidade. A natureza holográfica do Cosmos se revela, e sua unidade subjacente é diretamente percebida. Ciência e Espírito se reconciliam numa visão do mundo mais ampla e busca-se a compreensão holística da consciência.

Ao mesmo tempo em que valoriza a singularidade de cada pessoa, esse nível de consciência procura harmonizar uma coletividade fortalecida. Facilita organizações e instituições que são distribuídas, flexíveis e co-criativas, e nas quais uma multiplicidade de investidores participa ativamente.

Valores compartilhados

Agora vamos sugerir o que podem ser alguns dos valores compartilhados pelos níveis Amarelo e Turquesa de percepção. Há oito desses valores cuja sabedoria, eu sinto, é perene — como foi ontem, é hoje e será amanhã. Como caminhamos juntos até o coração universal do oitavo chacra, estamos prontos para abraçar e incorporar sua sabedoria em nossa vida. Eles são:

- Equilíbrio entre direitos e responsabilidades.
- Equilíbrio entre nossas necessidades e o serviço aos outros.

- Igualdade de oportunidades.
- Respeito mútuo.
- Autenticidade e integridade em todas as nossas transações — verdade, transparência e justiça.
- Inclusão.
- Compaixão em ação, tratando os outros como gostaríamos de ser tratados.
- Reverência à Gaia e a todos os seus filhos.

Esses valores são especialmente necessários nesta época tão importante, quando a mudança não é evolutiva, mas revolucionária. No nível físico mais fundamental, precisamos transformar nosso modo de vida individual e coletivo para conseguir sobreviver.

Com-unidade

Os níveis de percepção que estivemos explorando têm final aberto e a espiral da nossa consciência individual e coletiva continua a evoluir. No próximo capítulo, discutiremos como estamos começando a comungar com a família humana, com Gaia e com os níveis multidimensionais do Cosmos.

Conforme despertamos para nossa própria consciência superior, nos capacitamos para enxergar, talvez pela primeira vez, não só a distância que percorremos ao longo do caminho da aparente separação, mas como chegar em casa.

CAPÍTULO 12

Re-lembrar

Há pelo menos 5 mil anos, os geomantes percebem a natureza holográfica do Cosmos e procuram harmonizar Céu e Terra, pessoas e lugares, para trazer bem-estar e abundância. Embora diferentes tradições tenham agregado conhecimentos específicos à sua própria época e cultura, todas aderiram aos mesmos princípios cósmicos subjacentes e reverenciaram o mundo como sagrado.

As descobertas intuitivas daqueles sábios estão sendo reavaliadas e expandidas pelas descobertas da ciência holística. Os elementos perenes e universais, agora, são reconhecidos como formadores dos fundamentos do paradigma emergente do Cosmos holográfico.

Esses geomantes buscaram o conhecimento adquirido pela mente para compreender o Cosmos e nosso lugar dentro dele. As tradições xamânicas, por outro lado, enfatizaram a sabedoria do coração, e os místicos incorporaram a vontade divina que criou o mundo. Agora, pela primeira vez, temos acesso a ensinamentos de sabedoria e tradições espirituais de toda a família humana e estamos conscientes dos três caminhos para o entendimento e a iluminação.

No coração universal do oitavo chacra conseguimos reunir essas três abordagens que refletem os três aspectos fundamentais de nós mesmos — mente, coração e vontade — para adquirir a percepção mais profunda do Cosmos. Quando incorporamos as energias do oitavo chacra e dos chacras superiores, conseguimos nos ligar diretamente ao vasto Cosmos e aos aspectos superiores de nós mesmos. Nos tornando capazes de comungar com Gaia como seres vivos e de restabelecer uma profunda relação com ela e seus domínios multidimensionais.

Aprender a escutar

Quando somos apresentados a uma pessoa, a melhor maneira de conhecê-la é escutar o que ela tem a nos dizer. Ao contrário de nossos antepassados e dos poucos e preciosos povos primitivos que ainda andam pela Terra, a maioria das pessoas não considera nosso planeta, Gaia, um ser vivo. Embora tenhamos apreciado sua beleza e abundância, repreendido suas vicissitudes ou nos impressionado com seu poder, nossa cultura ainda não a reconheceu como naturalmente viva. Se quisermos conhecê-la novamente, devemos escutá-la.

Mas quem vamos escutar?

Quando pequenos, encontrávamos, com freqüência, os domínios desencarnados de Gaia e suas diversas vozes. Conhecidos por muitos nomes — Fadas, Devas, Elementais, Anjos —, eles nos são naturais e familiares. Ou seja, até que os adultos a nossa volta neguem sua existência e nos convençam a desconfiar de nossas próprias experiências.

Como os parapsicólogos estão reconhecendo, se nosso ego mental estiver fechado para qualquer coisa que não seja o que determinamos como "realidade" material, nós somos literalmente incapazes de enxergar além de suas limitações. Logo, se não estivermos abertos à possibilidade da presença desses seres, não os conseguiremos "ver".

Embora a maioria ainda se recuse a admitir essa possibilidade, mais e mais pessoas sãs e com os pés bem fincados na terra estão, por experiência própria, se re-ligando a esses domínios.

Devas

Os termos que usaremos aqui para descrever esses diferentes domínios talvez já lhe sejam familiares. Os geomantes e outros sensitivos percebem a existência dos seres elementares em planos etéricos sobrepostos e capazes de interagir com o plano físico.

A palavra sânscrita *Devas*, que significa "os brilhantes", costuma ser usada para descrever os seres que dirigem e orientam as forças e os processos naturais por toda a consciência planetária que é Gaia.

Embora o adjetivo "dévico" também seja usado para descrever os domínios angélicos, geralmente os Anjos são associados à humanidade e aos animais, enquanto os Devas são associados às plantas e ao mundo dos elementos.

Desde tempos imemoriais, os seres dévicos são constantemente descritos como pequenos espíritos da natureza ou grandes guardiões de paisagens. São associados aos elementos arquetípicos de Terra, Água, Ar e Fogo e conhecidos, respectivamente, como gnomos, ondinas, sílfides e salamandras. Além desses, há os espíritos da natureza associados a plantas e árvores que são comumente conhecidos como dríades. Um grande número de tradições percebe uma hierarquia espiritual sétupla dos espíritos da natureza aos domínios angélicos.

Meu próprio conhecimento vem da comunicação direta que tive com Devas e Anjos por muitos anos. Ocorre que há muito tempo os espíritos da natureza associados a um único elemento arquetípico conseguem evoluir e se transformar naqueles que combinam dois, três ou quatro elementos. É desse modo que se tornam os seres que chamamos de Devas e que estão associados à administração espiritual e física de lugares e paisagens. Eles também conseguem evoluir para se transformar nos seres que chamamos de Anjos.

Comungar

Por experiência própria e trabalhando com milhares de pessoas mundo afora, descobri alguns princípios simples para comungar com esses seres.

Para começar, devo enfatizar que os contatos com esses domínios se expressam de um modo diferente para cada pessoa. Para alguns, eles acontecem pelo insight. Outros podem sentir sua presença. E há os que ainda podem ouvir suas vozes. Não há modo certo ou errado, cada um tem o seu.

Seja qual for sua experiência intuitiva natural, eu o incentivo a usá-la completamente, em vez de tentar desenvolver outro modo — se você fosse um pianista virtuoso natural, eu sugeriria que praticasse para aperfeiçoar seu dom, em vez de dedicar sua atenção a, digamos, aprender violino. Contudo, com a prática, você poderá descobrir que seu modo inato de perceber naturalmente está se desenvolvendo para também incluir outros meios. Se isso acontecer, deixe que ele evolua naturalmente em vez de tentar forçá-lo.

Outro ponto importante é que, enquanto no plano físico as aparências geralmente são fixas, nos planos mental e superior habitados pelos espíritos da natureza, eles podem mudar de aparência. Portanto, eles podem se mostrar exibindo nossas próprias tendências culturais ou de modo conveniente para transmitir sua mensagem.

Anjos

Com a intenção apoiada na prática e na experiência, podemos nos ligar diretamente com todos os domínios dévicos e angélicos de Gaia.

Isso pode acontecer em qualquer lugar. Embora o campo ou a montanha sejam belos locais para experimentarmos a incrível beleza da natureza, podemos comungar com os domínios dévicos e angélicos em qualquer lugar e a qualquer hora. O propósito da sintonização na página 272 é ajudá-lo a permanecer na vibração energética do oitavo e do nono chacras e, assim, facilitar seu contato com esses domínios de Gaia.

As exigências mais importantes para tais contatos são vontade e abertura. Como em todos os bons relacionamentos, também é necessário ser honesto, ter respeito, amor e gratidão. Os domínios dévicos e angélicos os incorporam, portanto, para que seu relacionamento com esses seres prospere e oriente seu crescimento interior, você precisa agir desse modo.

Nos últimos anos muitos livros foram escritos explicando como entrar em contato com os domínios angélicos. Existem quatro Arcanjos — Uriel, Gabriel, Rafael e Miguel —, cujas orientações e influências são supremas. Cada um deles assume a guarda e a responsabilidade espiritual pela expressão de um dos elementos arquetípicos planetários, e muitos supõem que Miguel seja também o guia espiritual que lidera e apóia a Transformação da consciência humana e planetária neste momento. Como tal, ele é um mentor maravilhoso para nossa comunhão com todos os domínios angélicos e dévicos, e pedir por sua orientação constante apóia, segura e generosamente, nossa exploração e comunhão com os domínios de Gaia.

Se necessitarmos de inspiração e do Fogo da criatividade e verdade, Miguel poderá nos ajudar.

Se o caso for alicerçar uma intenção ou resultado, ou resolver dúvidas interiores e assuntos relativos ao elemento Terra, pediremos ajuda a Uriel.

Para maior clareza de pensamento ou se nossa busca envolver o elemento Ar, poderemos procurar o apoio de Rafael.

E se nossa necessidade for de cura, seja para nós mesmos ou para os outros, ou se estivermos nos conectando com o elemento Água, chamaremos por Gabriel para receber força e apoio.

Brechas de cura

Por todo *O oitavo chacra* empreendemos uma jornada de cura. E assim como há brechas energéticas dentro de nós e na família humana para serem curadas, há também brechas em todos os cantos da Terra onde fomos responsáveis pela poluição e destruição. Há também grande quantidade de lugares onde as marcas históricas dos traumas humanos deixaram cicatrizes energéticas. Essas energias residuais continuam a nos afetar, retendo-nos em padrões de comportamento desgastados. A cura desses lugares agora é necessária para que um maior número de pessoas se libere desse aprisionamento energético do passado.

A natureza holográfica e consciente do Cosmos revela que nosso ambiente exterior reflete nosso estado interno. Precisamos reconhecer essa ressonância inerente admitindo esses desequilíbrios ambientais e, com a ajuda dos domínios angélicos e dévicos, buscar compreendê-los e resolvê-los.

No Capítulo 7, vimos como os meridianos energéticos de Gaia podem ficar obstruídos. Embora essas energia desequilibradas não sejam prejudiciais à Terra, de modo geral, elas podem ser prejudiciais à raça humana. Então, analisemos agora como diagnosticar e curar esse estresse geopático com a orientação superior dos domínios angélicos e dévicos.

Estresse geopático

Nossa consciência se expressa energeticamente por intermédio da coerência e interação dos campos eletromagnéticos. O desequilíbrio desses campos no meio ambiente são os principais mecanismos do estresse geopático.

Há pouco mais de um século nosso conhecimento sobre esses campos era rudimentar e agora, contudo, nos tornamos quase totalmente dependentes das tecnologias que utilizam seus princípios. Atualmente, o meio ambiente está repleto de ondas energéticas artificialmente produzidas por esses campos, numa extensão impensável há poucas décadas.

As provas de que a permanência em áreas próximas de campos eletromagnéticos de grande porte, como sistemas de condução elétrica ou antenas de telefonia celular, compromete a saúde continuam se acumulando. Geomantes vêm analisando essa questão há algum tempo.

252 O OITAVO CHACRA

O grande número de aparelhos elétricos nos escritórios e domicílios certamente contribui para problemas de saúde, especialmente quando seus efeitos são sentidos por pessoas que já estão energeticamente estressadas por outros fatores. Na verdade, o estresse relacionado ao estilo de vida pode ser um fator importante na queda da competência do sistema imunológico, impedindo, assim, o corpo de manter uma sintonia natural com as novas circunstâncias energéticas.

Marcas energéticas

As rupturas energéticas não têm como única causa o estresse geopático. Embora poucas pessoas morem em casas antigas, novas casas são construídas em terrenos anteriormente ocupados. O ambiente das construções está, portanto, marcado pelas impressões energéticas do passado.

Essas energias residuais vão das meramente estagnadas às que carregam a marca de traumas anteriores, como batalhas. Podem, também, estar associadas a uma variedade de entidades sencientes. Formas negativas de pensamento e presenças espirituais carregadas de emoção podem estar presas numa edificação ou associadas à terra onde ela se encontra. Dadas as características multidimensionais do Cosmos, há lugares que também são, essencialmente, pontos de conexão interdimensional.

Se você estiver em sintonia com os domínios angélicos pedindo orientação, especialmente a Miguel, sobre as causas do estresse geopático, e ficar sabendo que ele foi motivado por uma marca histórica ou por um ser senciente, não deixe de chamar alguém com maior conhecimento e experiência para ajudá-lo, a menos que receba a orientação de que você consegue e deve lidar com o problema. Embora o convite dos domínios angélicos e dévicos seja aberto a todos que desejam sua orientação, não há espaço para manifestações egóicas nesses níveis.

Design geomântico

Os praticantes do *feng shui* da antiga China e os sábios *vaastu* da Índia conhecem há milênios os princípios energéticos do design geomântico. Suas tradições e algum conhecimento dos antigos geomantes da Europa agora estão sendo reconhecidos pela percepção coletiva.

Todas essas tradições têm por objetivo otimizar o fluxo das energias que promovem a vida por meio da localização, orientação, forma e disposição das edificações e sua integração com a paisagem ao redor. O ritmo dos acontecimentos relativos a uma edificação também é tradicionalmente levado em conta para otimizar as influências astrológicas prevalecentes.

Compreender e resolver problemas energéticos graves, ou complexos, geralmente exige anos de experiência, é por isso que um profissional costuma lidar melhor com assuntos relativos a desequilíbrios graves e a presenças sencientes. Entretanto, compreendendo os princípios explorados em *O oitavo chacra* e entrando em sintonia com a orientação superior e a dos domínios angélicos e dévicos, percebemos intuitivamente como equilibrar as energias e purificar os espaços da nossa casa.

Purificação do espaço

Nesse trabalho, simplicidade e uma intenção positiva e amorosa são a chave para o sucesso. Além disso, podemos considerar o lugar onde estamos como meramente um local para viver ou o nosso lar. Então, antes de começar, saiba que,

254 O OITAVO CHACRA

não importando como se sentia anteriormente sobre o lugar onde mora, esse presente de purificação do espaço é tanto para você quanto para o seu *lar*.

O primeiro passo na purificação do espaço é garantir que ele esteja limpo, organizado e desentulhado. Se estiver sujo, desarrumado ou cheio de "coisas", as energias ficam inevitavelmente estagnadas. Roupas que você não usa mais, fotografias, livros ou coleções que já não significam muito para você são ótimos candidatos para o desentulho. E não se esqueça de analisar as condições externas da propriedade, o jardim e a entrada.

O segundo e terceiro passos referem-se ao processo de Sintonização I, na página 267, para obter sua própria orientação superior e pedir ao Arcanjo Miguel que o ajude a determinar os pontos de desequilíbrio na casa e o que fazer para solucioná-los.

Se nesse estágio você descobrir que há energias desequilibradas que estão além da sua experiência ou perícia, peça a ajuda de um profissional. Mas saiba que isso não é comum de acontecer.

Sua orientação poderá envolver alguma ação física para equilibrar as energias, e há uma série de livros que oferecem sugestões tradicionais, porém, o mais freqüente, é que os desequilíbrios sejam solucionados apenas no plano energético. Talvez a orientação para trabalhar com o Arcanjo Miguel ou com qualquer um dos Arcanjos seja purificar o espaço, por exemplo, com a visualização de uma chuva energética ou de um arco-íris luminoso descendo sobre o ambiente, espalhando a fragrância de flores etéricas ou mentalizando uma pirâmide de luz dourada sobre toda a propriedade.

O último aspecto da purificação do espaço é a realização de uma cerimônia simples, escolhida por você, para agradecer aos Anjos e Devas por sua orientação e pedir, com gratidão, que abençoem sua casa e todos que ali habitam ou entram. Essa cerimônia poderá ser bem simples, como acender uma vela e proferir palavras de amorosa gratidão. Siga sua intuição e faça o que lhe parecer certo.

Quando você estiver se mudando de uma casa, faça uma última purificação do espaço — é muito útil. Isso lhe permite seguir em frente livremente e estar aberto a novas possibilidades na vida, e dá as boas-vindas aos novos moradores. Conheci muitas pessoas que só conseguiram vender uma propriedade depois que o espaço foi purificado.

Realizar uma purificação do espaço ao chegar num lugar novo também elimina do ambiente as marcas dos proprietários ou inquilinos anteriores e lhe possibilita estabelecer uma relação amorosa e carinhosa com o novo local.

Se a qualquer momento durante a purificação houver insegurança em relação à orientação intuitiva, talvez seja bom pensar em realizar uma radiestesia, como meio alternativo de sintonização ou método de validação.

Radiestesia

A antiga arte da radiestesia, onde a percepção não local é utilizada para descobrir coisas que estão além dos cinco sentidos físicos, ressurgiu nos últimos anos. Embora a busca por água seja o uso mais conhecido e mais comum promovido pelas habilidades radiestésicas, os praticantes conseguem utilizar sua técnica para praticamente qualquer coisa.

A radiestesia pode também ser usada como meio diagnóstico, para tomada de decisões, para a saúde, como meio de acessar e validar nossa própria orientação superior e para a purificação de ambientes.

O processo envolve nossa sintonia energética com qualquer coisa que estejamos querendo descobrir. Assemelha-se a sintonizar um rádio ou uma televisão no comprimento da onda de uma estação específica. No caso da radiestesia, nós somos o rádio e o que estamos sintonizando ocupa o lugar da estação.

Tal sintonia é essencialmente a mesma percepção não local alcançada por videntes. Como ocorre com essa percepção "à distância", nosso corpo pode captar mais informações subliminares do que nossa mente consciente. São as reações musculares diminutas do corpo que os "instrumentos" da radiestesia detectam. Portanto, embora os instrumentos usuais sejam pêndulos ou forquilhas de madeira ou metal, o instrumento mesmo não passa de um meio de registrar a resposta sintonizada. Qualquer instrumento — ou até mesmo nada — pode ser usado, se funcionar para a pessoa.

Todos nós podemos ser radiestesistas, e a prática melhora nossa habilidade. Além disso, a radiestesia, como a meditação, ao exigir concentração e imobilidade, nos possibilita sintonizar não só a silenciosa voz da nossa sabedoria interior, mas a voz de Gaia e a sabedoria do Cosmos.

Calma e equilíbrio

Depois de escolher seu instrumento de radiestesia, para dar início ao processo você precisa estar calmo e equilibrado física, emocional e mentalmente. Se você estiver ansioso, acalme-se com algumas respirações lentas e profundas.

O próximo passo é evocar respostas positivas ou negativas do pêndulo ou forquilha. Aquiete a mente e, num plano interior, peça que ele primeiro lhe mostre um "sim" e depois um "não". Se você estiver usando um pêndulo, a resposta costuma ser seu giro no sentido dos ponteiros do relógio ou no sentido oposto. Se estiver trabalhando com uma forquilha, ela deve ter liberdade de balançar para a direita ou para a esquerda. O pêndulo ou a forquilha deve se mover para um lado dizendo "sim" e para o outro dizendo "não". Repita esse passo toda vez que realizar uma sessão de radiestesia, pois pode acontecer de a direção das respostas "sim/não" mudar entre as sessões!

Inicie sua prática com perguntas cujas respostas você conhece e depois parta para as questões cujas respostas você desconhece, mas que podem ser independentemente verificadas. Faça isso até sua confiança aumentar. Após assegurar-se de sua habilidade, passe a fazer as perguntas para as quais a radiestesia é o principal ou único meio de obter as respostas.

Aprenda também a fazer perguntas claramente definidas, que só podem ter "sim" ou "não" como resposta. Às vezes, o instrumento pode não responder. Nesse caso, reformule a pergunta.

Se você estiver buscando respostas que envolvem terceiros ou assuntos litigiosos, suas primeiras perguntas deverão ser formuladas para confirmar a adequação de realizar o processo pelas razões do momento.

Muitos praticantes usam as chamadas "testemunhas" para ajudá-los a atingir o alvo, quando estão interessados em algo. As testemunhas costumam ser pequenas o suficiente para caber na palma da mão ou ser facilmente carregadas num bolso. Se for água o que você está tentando localizar, você pode ter uma garrafinha de água.

Quando você quiser determinar a possibilidade de estresse geopático em sua casa, realize uma radiestesia para se inteirar de sua presença, localização, potência e do seu tipo (por ex.: água, eletromagnetismo). Se você tiver o desenho da planta baixa, é possível usar o pêndulo para pesquisar linhas de estresse no projeto.

Para maior desenvolvimento dessa habilidade, as sociedades de radiestesia em inúmeros países, inclusive Grã-Bretanha, Estados Unidos, Canadá e Austrália, promovem cursos para iniciantes ministrados por alunos avançados.

Finalmente, se a radiestesia for usada para interesses pessoais e houver desconfiança de que a mente racional pode estar interferindo, tente a radiestesia cega com o uso do pêndulo. Nesse caso, você deverá escrever em pedaços de papel as respostas possíveis da questão solicitada. A seguir, dobre-os e embaralhe-os de um modo que não consiga diferenciá-los. Espalhe-os numa superfície plana e segure o pêndulo sobre cada um dos papéis enquanto pergunta se aquela é a resposta que mais o beneficiará.

Quanto mais você praticar suas habilidades inerentes de radiestesista, maior será sua sensibilidade energética e ressonância consciente. E também sua capacidade de ouvir a sabedoria de Gaia.

Gaia também está passando por uma Transformação

Gaia também está se aprontando para uma Transformação de consciência, e quando estamos em sintonia com sua percepção, por meio dos portais energéticos do oitavo e do nono chacras, podemos conscientemente ajudá-la (e a nós mesmos) nesse processo.

Os geomantes estão notando a Transformação energética de Gaia de maneiras significativas, além das mudanças no seu clima e nas características da sua superfície. A primeira é que os meridianos de energia, anteriormente percebidos como incorporadores das energias polares, agora são vistos como incorporadores de um entrelaçamento triplo: positivo/masculino, negativo/feminino e neutro/infantil. Essas energias tríplices são equivalentes a nossa mente, nosso coração e nossa vontade, e sua ativação reflete a ativação do nosso oitavo chacra do coração universal.

No Capítulo 7, discutimos a Grade unitária de 12 quadros de Gaia. Incorporando a sempre presente "memória" da consciência da unidade, ela está acordando nesta época da mesma forma que, agora, nós somos capazes de acessar os chacras superiores da nossa consciência transpessoal de 12 fatores. Relato sua ativação constante em meu futuro livro *Many Voices, One Heart*. Quando estiver completamente ativada, ela também vai incorporar a 13ª totalidade transformadora da consciência da unidade — *é* a Transformação da consciência que está sendo profetizada.

O geomante Richard Leviton denominou a consciência geomântica dessa ativação duodécupla de Gaia um Albion. Na Antiguidade, este era o nome místico da Bretanha. O visionário William Blake usava o termo para descrever o ser humano cósmico — nosso estado original e destino futuro.

Os Albions são os equivalentes dévicos do herói soular, e essa consciência planetária é ativada por meio da cooperação humana, dévica e angélica. Quando um Albion está totalmente desperto, incorpora o modelo cósmico da consciência da unidade.

Em seu nível totalmente ativado, a grade Unitária dodecaédrica é um Albion planetário. Holograficamente, todas as 12 divisões pentagonais da grade Unitária também são Albions em seu estado totalmente ativado e assim por diante, em escalas cada vez menores, por todas as paisagens de Gaia.

Nosso Sistema Soular também

A alma grupal que é o nosso Sistema Soular foi guiada desde o seu encetamento por seres cósmicos conhecidos em algumas tradições como Eloins. O papel que eles desempenham como mentores e vigias da evolução da consciência em nosso Sistema Soular será explorado em detalhes em *Many Voices, One Heart*.

Conforme iniciamos nosso acesso à percepção transpessoal do décimo chacra, nos habilitamos a contatar conscientemente o Eloin e os seres planetários do Sistema Soular. Embora os astrólogos percebam sua profunda influência há milênios, só agora estamos nos dando conta de que eles são aspectos arquetípicos de nossa consciência soular. Com a expansão dessa percepção, podemos agora comungar com o Sol, com a Lua e com os planetas de uma forma que nos permita compreender a nós mesmos e aos outros num plano tão profundo que, até então, era inatingível.

Sobre o portal do antigo oráculo de Delfos, na Grécia, havia a inscrição: "Conhece a ti mesmo." À medida que entramos em sintonia com a consciência arquetípica do Sistema Soular, conseguimos realmente saber quem somos.

Esse fator, aliado à nossa comunhão com os domínios de Gaia, nos possibilita não só perceber a vastidão do Cosmos, mas reconhecer nossa verdadeira posição espiritual em sua co-criação.

Percepção galáctica

Enquanto andamos — e dançamos — juntos rumo à culminância de eões e à Transformação da consciência no ano 2012/2013, as forças cósmicas acompanham e iluminam nosso caminho.

No início de novembro de 2003, um alinhamento astrológico entre o Sol, a Lua, Marte, Júpiter, Saturno e Quíron formou uma estrela de seis pontas perfeita no céu. A ressonância dessa singular mandala cósmica, globalmente conhecida como Concordância Harmônica, mais as energias emergentes do oitavo chacra e superiores representam o apoio a cada um de nós na nossa jornada do herói soular.

Passados 44 dias da Concordância Harmônica houve o solstício, em dezembro de 2003. Esse 23º dia do 12º mês daquele ano constituiu a numerologia do 13 (sendo 23 igual a 2 + 3 = 5, o 12º mês sendo 1 + 2 = 3 e 2003 sendo 2 + 3 = 5, somando 5 + 3 + 5 = 13). Esse dia mais curto do ano no hemisfério norte completou o período de três dias do solstício de inverno, quando o Sol nascente "fica imóvel" — a hora do renascimento do herói solar/soular. E os Druidas da antiga Bretanha, cujo calendário lunar de 13 meses, com 28 dias cada, totalizava 364 dias, consideravam esse dia, que reconciliava o ano solar com o lunar, "fora do tempo".

Esse também foi o dia e o ano exatos em que, após 26 mil anos, o Sol se alinhou com Ofíuco, o 13º signo zodiacal e centro da galáxia.

Esse momento também foi o auge da minha própria orientação superior, levando-me, e a meus companheiros, a uma extraordinária viagem interna e externa pelo mundo. Agora, juntos no grande círculo de pedras de Avebury, na Inglaterra, que os geomantes consideram o cordão umbilical planetário com o centro galáctico, vivenciamos o que eu fora orientada pelo Eloin a fazer muitos anos atrás — entrar em sintonia com a consciência galáctica para abrir um portal dessa percepção superior num nível planetário.

Enquanto seguimos juntos rumo aos próximos anos, as ondas energéticas de alinhamentos planetários sucessivos do Sistema Soular servem de guias cósmicos no caminho para o nosso salto coletivo da consciência. Contamos com um apoio cósmico quase inimaginável neste momento em que os domínios angélicos e dévicos se reúnem no panteão dos Mestres Ascencionados para orientar e facilitar nossa jornada. Com seu amor e sua inspiração, na cúspide do 12º e 13º anos deste novo milênio, será que seremos capazes de dar o 12º passo da jornada do herói soular e incorporar a consciência da unidade em nós e, portanto, em todos?

Não sei, pois minha própria jornada em andamento também é de descoberta.

A única coisa a dizer é que cada um de nós pode escolher entre tentar ou não.

E isso já é bom o suficiente.

CAPÍTULO 13

HoME: Paraíso na Mãe Terra

NÓS ESCOLHEMOS, NO PLANO DA consciência superior, estar aqui nesta época. Empreendemos uma jornada de eões para chegar a este ponto, mas é hora de largar a bagagem que acumulamos e ser livres.

Somos quem esperávamos vir a ser e aqui e agora é nossa oportunidade de ocupar a posição de capitão da nossa própria consciência. Podemos ser os co-criadores do nosso futuro destino, em alinhamento e harmonia com o fluxo do Cosmos.

Não estamos sós. Enquanto expandimos nossa percepção para os planos transpessoais, agora a nossa disposição, não só podemos escolher realizar a jornada do herói soular, como notar que assim como os heróis soulares de mitos e lendas tinham acompanhantes que os auxiliavam a cumprir sua missão, nós também temos apoio e orientação. Agora estamos capacitados a entrar em contato direto com os aspectos arquetípicos da nossa percepção individual e coletiva — guias espirituais, que incluem a assembléia dos Anjos e dos Mestres Ascensos de todas as tradições espirituais.

Juntos chegamos a esse limiar de transformação. As escolhas que fizermos, individual e coletivamente, determinarão nos próximos anos não só nosso destino, mas também o de todas as futuras gerações.

O sábio chinês Lao Tse disse: "Uma jornada de milhares de quilômetros começa com um único passo." A cada momento, a cada respiração, a cada passo, podemos escolher algo diferente do anterior.

Se antes escolhemos medo, agora podemos escolher amor.

Se antes escolhemos lágrimas, agora podemos escolher o riso.

Se antes escolhemos morte, agora podemos escolher vida.

A cada momento co-criamos o universo mais uma vez. Cada um de nós pode fazer diferença, não importa quanto nos sintamos pequenos, pois, como disse Anita Roddick certa vez: "Se você acha que é pequeno demais para ser eficaz, nunca esteve na cama com um mosquito."

Juntos na dança da jornada rumo a 2012/2013, podemos despertar o oitavo chacra do coração universal e realizar a jornada do herói soular. Dessa forma, trabalhando todas as nossas relações e cumprindo nosso destino coletivo e cósmico nos tornamos mais resistentes e fortalecemos os outros.

À medida que despertamos de nossa amnésia espiritual e re-lembramos a totalidade de quem *realmente* somos, vamos também chegando em casa — HoME —, assim como, juntos, conseguimos dar à luz realidade do Paraíso na Mãe Terra.

No coração universal, eu re-lembro
a totalidade de mim mesmo.
No coração universal, eu re-lembro
a totalidade da família humana.
No coração universal, eu re-lembro

HOME: PARAÍSO NA MÃE TERRA **265**

a totalidade de Gaia e de todos os seus filhos.
No coração universal, eu re-lembro
a totalidade do nosso Sistema Soular.
No coração universal, eu re-lembro
a totalidade da nossa galáxia.
No coração universal, eu re-lembro
a totalidade do Cosmos.
Ao re-lembrar a totalidade da minha alma,
faço com amor, alegria e gratidão
na unidade do Um.

Sintonizações

Sintonização 1

Exercícios respiratórios

Respiração *é* vida. E há uma profunda ligação entre respiração, pensamentos e emoções. Contudo, quando respiramos só utilizamos cerca de dez por cento da nossa capacidade pulmonar, o que resulta em cansaço e estresse. Quando mudamos nosso modo de respirar, passamos a viver mais plenamente e com mais bem-estar.

Apresento, agora, três exercícios respiratórios bem simples.

Este primeiro exercício pode ser feito a qualquer hora e em qualquer lugar.

- Pare por um momento. Se possível, feche os olhos para aumentar a concentração.

- Concentrando-se na respiração, inspire e expire três vezes.

268 O OITAVO CHACRA

> • Em cada respiração:
>
> Inspire lentamente pelo nariz e, enquanto faz isso, diga a si mesmo, "Eu sou..."
>
> Expire pelo nariz igualmente devagar e, enquanto faz isso, acrescente o nome de qualquer energia ou essência que escolher para incorporar nesse momento, como, por exemplo, "Calma, Paz, Verdade Amorosa, Coragem, Clareza, Amor".

Para os dois próximos exercícios, é melhor você se sentar numa cadeira reta, com cabeça, pescoço e costas alinhados e a base da coluna apoiada no encosto da cadeira. Feche os olhos para se concentrar.

O exercício seguinte proporciona o equilíbrio necessário para a meditação.

> • Ponha uma das mãos sobre o abdome.
>
> • Inspire lentamente pelo nariz, sentindo o ar preencher e expandir o abdome.
>
> • Continue inspirando lentamente enquanto estufa levemente o peito e levanta os ombros.
>
> • Expire lentamente pela *boca*, enquanto vai relaxando, primeiro os ombros, depois o peito e, finalmente, o abdome, que deverá estar contraído.
>
> • Repita até você se sentir equilibrado ou em paz.

O terceiro exercício é bom para identificar possíveis regiões desequilibradas do corpo e se concentrar na sua cura.

- Inspire lentamente pelo nariz, retenha a respiração por um momento e depois exale pelo nariz igualmente devagar

- Respire suavemente por um minuto ou mais até sentir o aumento e a diminuição de energia dentro de você.

- Agora, concentre-se na respiração por mais um minuto e observe se há alguma região do corpo onde a energia está estagnada ou presa.

- Se houver, visualize (sinta ou apenas direcione a intenção) sua respiração fluindo pelo organismo, atingindo essa região e sua energia dissolvendo suavemente os pontos obstruídos.

- Ao expirar, visualize a energia presa também sendo exalada.

- Continue por cerca de mais um minuto até sentir a energia da respiração fluindo livremente.

Sintonização 2

Meditação do chacra pessoal

- Primeiro, encontre um local tranqüilo e confortável e se acomode, de preferência sentado com o corpo ereto, as costas apoiadas e os pés no chão.

- Comece com o exercício de equilíbrio respiratório da Sintonização 1.

- Quando estiver pronto, em cada inspiração, visualize ou sinta um raio de luz ouro branco entrando no seu corpo pelo chacra da coroa, e ao expirar sinta o raio de luz descendo pela sua coluna e seguindo Terra adentro.

- A cada respiração, sinta qualquer energia desequilibrada ou pesada sendo expirada pelo chacra da raiz e se dissolvendo com gratidão na Terra.

- Agora, respire a luz ouro branco mentalizando somente a base da coluna enquanto começa a meditar com as energias de cada chacra, iniciando pelo chacra da raiz.

- No chacra da raiz, visualize ou sinta a luz ouro branco se transformando num vermelho forte semelhante ao rubi. Entre as inspirações e expirações, concentre-se nas sensações físicas e sinta que está se fortalecendo fisicamente. Ao expirar, sinta-se irradiando a essência da luz vermelha e incorporando a energia da coragem.

- Agora, no chacra sacro, visualize a luz ouro branco se transformando num alaranjado vibrante e, entre as inspirações e expirações, sinta-se incorporando vitalidade e vigor. Ao expirar, irradie a luz alaranjada da sua energia de contentamento.

- No chacra do plexo solar, visualize ou sinta a luz ouro branco se transmutando numa brilhante luz dourada. Entre as inspirações e expirações, sinta sua criatividade e a expressão de seu propósito superior. Enquanto expira, irradie essa luz dourada.

- No chacra cardíaco, visualize a luz ouro branco se transformando num verde suntuoso e sinta a beleza do ser amoroso e cheio de compaixão que você é. Irradie esse amor enquanto percebe que pode escolher amar cada momento, em pensamento, palavra e ação.

- No chacra da garganta, visualize a luz ouro branco se transformando num vívido azul-celeste, e permita que a autêntica expressão da sua criatividade flua, irradiando sua verdade amorosa a cada respiração.

- No chacra do terceiro olho, visualize a luz ouro branco se transmutando em índigo e sinta sua profunda sabedoria interior, percebendo que toda a vida é Una. Sinta essa percepção espiritual se irradiar enquanto expira.

- No chacra da coroa, visualize a luz ouro branco fluir da base da coluna por cada chacra. Quando chegar ao da coroa, sinta-a se transformando num violeta brilhante e, ao inspirar, encha o seu corpo com essa luz maravilhosa.

- Finalmente, ao expirar, irradie a energia do seu ser divino para o Cosmos, compartilhando amor, alegria e gratidão com todos os seres.

Sintonização 3

Meditação dos chacras do coração universal e da estrela terrena

- Primeiro, encontre um local tranqüilo e confortável e se acomode, preferencialmente sentando-se ereto, com as costas apoiadas e os pés no chão.

- Inicie fazendo algumas respirações profundas. Em cada inspiração, visualize que está respirando na essência de uma alegria serena e permita que ela flua e preencha todo o seu corpo. Em cada expiração, deixe que qualquer distração ou inquietação lentamente se dissolva sem esforço. Continue a respirar desse modo até se sentir harmonizado e em paz.

- Agora concentre a atenção na região do chacra cardíaco e inspire para lá a essência de sua energia amorosa. Sinta uma esfera de luz começando a se formar ali. Isso pode ser visualizado ou sua energia pode ser sentida.

- Continue respirando nessa esfera de luz e, em cada respiração, visualize ou sinta a esfera se expandindo e sua energia ficando mais brilhante até atingir o tamanho que intuitivamente você sabe ser perfeito para você nesse momento. Enquanto ela se expande para atingir o tamanho perfeito, sinta sua essência de compaixão amorosa e sinta-se amado e nutrido por *tudo* que você é, sem condições ou julgamento.

- Agora visualize ou sinta a esfera de energia cardíaca movimentando-se suavemente pelo seu corpo até descansar no alter chacra maior na base do crânio, na junção com o topo da espinha dorsal. Assim como o chacra cardíaco ressoa a essência do amor, o alter chacra maior ressoa a essência mental.

- Agora sinta que uma segunda esfera de luz começa a se formar ali, dentro da esfera de energia cardíaca. Novamente, você pode visualizá-la ou simplesmente sentir sua presença.

- Em cada respiração, sinta-a aumentar de tamanho e brilho e sinta sua essência de clareza e sabedoria intuitiva.

- Visualize ou sinta que ela continua a se expandir até ficar do mesmo tamanho da esfera do coração. Agora sinta as duas esferas de energias, do coração e da mente, aninhadas uma dentro da outra suavemente, fundindo-se para formar uma única esfera de essência cardíaca e mental, suas energias se equilibrando e se completando.

- Agora sinta a esfera combinada de energia descendo pelo seu corpo até descansar no chacra do plexo solar e sintonize as energias da vontade e da intenção.

- Comece a se concentrar no fluxo da respiração dentro do chacra do plexo solar e visualize uma terceira esfera de luz se formando dentro da esfera de essência cardiomental, novamente aumentando em tamanho e brilho em cada respiração.

Sinta sua essência de intenção e propósito superiores enquanto ela se expande, para ficar do mesmo tamanho da esfera de energia cardiomental e, então, visualize as esferas se fundindo para formar uma só.

- Finalmente, sinta a esfera das energias de coração-mente-vontade se movendo com facilidade e suavidade pelo seu corpo até descansar no ponto intermediário entre os chacras do coração e da laringe. Esse é o centro energético do oitavo chacra ou chacra do coração universal, o portal para os chacras transpessoais do campo energético unitário dos chacras.

- Visualize esse portal se abrindo enquanto respira dentro do coração universal do oitavo chacra. Agora sinta um pulso de energia partindo do oitavo chacra para sintonizá-lo com sua percepção, seu propósito e sua orientação superiores.

- Agora sinta essa energia retornando ao seu oitavo chacra e depois descendo por seu corpo até cerca de 15 centímetros abaixo dos pés. Esse é o nono chacra, o da estrela terrena, que pode ser visualizado ou sentido como um vórtice de energia. A partir daí, impulsione a energia para as profundezas do coração da Terra. A seguir, sinta a energia retornando do coração de Gaia e penetrando no chacra da estrela terrena e no oitavo chacra.

- Continue em harmonia com sua respiração para impulsionar uma coluna energética ligando o oitavo chacra à sua consciência superior e, depois, descendo até o chacra estrela terrena para conectá-lo com a consciência de Gaia, a fim de que você se sinta equilibrado e alicerçado.

- Neste ponto, quando sentir apropriado, respire mentalizando o coração universal e evoque sua orientação superior para re-lembrar e curar a totalidade do que você *realmente* é.

- Quando estiver pronto para terminar a meditação, recolha sua consciência e energia novamente dentro de si, agradeça à orientação superior e ao seu guia espiritual, se tiver um, e suavemente retorne ao local onde se encontra.

Como discutimos no Capítulo 9, você pode trabalhar com essa meditação para receber orientação superior referente à cura de si mesmo ou de outros, para dissolver quaisquer medos limitadores incorporados e para perceber e alicerçar o propósito superior e seu caminho.

Sugestões de leitura

BECK, Don; COWAN, Christopher. *Spiral Dynamics: Mastering Values, Leadership and Change*. Blackwell Publishing, 2006.

BIRKBECK, Lyn. *Divine Astrology: Enlisting the Aid of the Planetary Powers*. O Books, 2005.

CURRIVAN, Jude. *The Wave: A Life-changing Journey into the Heart and Mind of the Cosmos*. O Books, 2005.

D'ANGELO, James. *The Healing Power of the Human Voice*. Healing Arts Press, 2005.

EMOTO, Masaru. *The Hidden Messages in Water*. Beyond Words Publishing, 2004.

LASZLO, Ervin. *Science and the Re-enchantment of the Cosmos: The Rise of the Integral Vision of Reality*. Inner Traditions, 2006.

LIPTON, Bruce. *The Biology of Belief*. Mountain of Love Publishing, 2005.

LOVELOCK, James. *The Revenge of Gaia: Why the Earth Is Fighting Back – and How We Can Still Save Humanity*. Allen Lane, 2006.

MYSS, Caroline. *Invisible Acts of Power: Personal Choices that Create Miracles*. Simon & Schuster, 2005.

RADIN, Dean. *Entangled Minds: Extrasensory Experiences in a Quantum Reality*. HarperCollins, 2006.

TAME, David. *The Secret Power of Music*. Destiny Books, 1984.

TOLLE, Eckhart. *The Power of Now*. Hodder & Stoughton, 1999.

TUTU, Desmond. *No Future Without Forgiveness*. Doubleday, 2000.

Índice remissivo

abandono (trauma arquetípico), 178, 181-182, 205
acarretamento, 49-50
Agora (12 passos), 226
água
    elemento, 144, 250
    influências ambientais, 145
    metáfora da alma, 97
    signos astrológicos de, 161, 162, 163
    subterrânea provoca estresse geopático, 148-149
Albions, 260
alegria, 61-63
alimentos, 138, 139
alma
    água como metáfora, 97
    cura da alma centrada no coração, 197-198
    escolhas de encarnação, 210
    grupal, 129, 155, 260
    incorporada pela matriz da consciência, 123
    propósito da, 130

alter chacra maior, 116-117
Amon, 51
amor, 89, 112-114, 122
    e bem-estar emocional, 62-63
    e o oitavo chacra, 128
    nos 12 passos, 211-215, 216
    verdade amorosa, 201-202, 221-22
animais, 135-136, 143
anjos, 249-250
    e cura, 250-251
    encontrados por crianças, 246
    vs. Devas, 247-248
aparecer (12 passos), 216-217
Arizona, University of, 65,98
arquétipos, 120, 121
    herói solar, 11-12
    no Sistema Soular, 155-157
    números arquetípicos, 123-124
    padrões arquetípicos na diversidade natural, 43
    traumas arquetípicos, 178-179
ascendente zodíaco, 163-164
Asclépio, 172

280 O OITAVO CHACRA

astrologia
  alinhamentos significativos, 170-172, 261-262
  aspectos e trânsitos, 162, 169-170
  ciclos astrológicos, 156
  correspondências com os elementos, 159-160
  parcerias e polaridades, 160
  planetas coletivos, 166-167
  planetas pessoais, 157, 165-166
  precessão, 170-171
  qualidades dos signos, 160-161
  Quíron, 157,158, 168
  signos cardinais, fixos e mutáveis, 160-161
  Sol, Lua e Ascendente, 163-164
atratores, 31
Aum, 22, 51, 194
Axelrod, Robert, 238-239
Ayres, Jean, 47

Backster, Cleve, 136-137
batimentos biauriculares, 51
Beck, Don, 230-231, 277
Big Bang, 22
biocampos, 35, 44-45, 58, 101, 102, 144
Boundary Institute, Califórnia, EUA, 65
branas, 27
  propriedades análogas das membranas celulares, 33-35
budismo, 42, 57

caduceu, 84, 101
Campbell, Don, 50
capacitação, 111-112
  através da percepção unitária, 12, 259
  pela sabedoria superior, 220-221
cardeais, signos, 161, 162
cardíaco, chacra, 112-114

carma, 91-92
causa e efeito, 25
  princípio cósmico, 91-93
Centre for the Study of Anomalous Psychological Processes, University College, Northampton, GB, 65
chacras pessoais, 101-107, 128, 157, 214-215, 231
  alter chacra maior, 116-117
  chacra cardíaco, 112-113
  chacra da coroa, 116
  chacra da garganta, 114
  chacra da raiz, 107-109
  chacra do plexo solar, 110-111
  chacra do terceiro olho, 114-116
  chacra sacro, 109-110
  desequilíbrios dos, 106
  e traumas arquetípicos, 178, 187
  expressão masculina e feminina dos, 104-106
  meditação dos, 275-269
chacras, sistema unitário dos, 198, 274
chacras transpessoais, 128-129, 197
  meditação: chacras do coração universal e da estrela terrena, 272-275
Chladni, Ernst, 55
Churchill, Winston, 212
cimática, 55
círculos ingleses, 151-153
cisões, cura de, 188-189
coerência, 38-39, 70-71
  da intenção consciente, 77
  e biocampos, 44-45, 58
  e o princípio holográfico, 20, 27
  na harmonia musical, 27
College of Psychic Studies, Londres, GB 67
com-unidade, 233, 234, 242, 243
coma pitagórica, 54

ÍNDICE REMISSIVO **281**

concessão (princípio cósmico), 93-94
Concordância Harmônica, 261
consciência. *Veja também* holograma cósmico
estados alterados de, 51
expressa como energia, 70
tríplice, 99
consciência galáctica, 261-262
consciência, viradas de, 152-154, 159, 172-173, 238
Consciousness Research Laboratory, University of Nevada, EUA, 65
conservação (princípio cósmico de), 92-93
cooperação, 238-241
coração, o caminho do, 122
coração universal. *Veja* oitavo chacra
cordas, teoria das, 26, 38, 134
coroa, chacra da, 103, 104
cósmicos, princípios. *Veja* princípios cósmicos
Cowan, Christopher, 230-231, 277
criação
co-criação da realidade, 40-41, 69
harmônicos da, 55
teorias da, 22, 26
crise, 127
cura
batimentos biauriculares, 51
campos elétricos, 45
cisões e traumas comunitários, 188-189
coletiva, 241-242
da alma centrada no coração, 205-206
de traumas de outras vidas: exercício de dissolução, 203-204
de traumas nesta vida: exercício de dissolução, 198-200

do estresse geopático, 251-252
do trauma do abandono, 181-182
dos padrões familiares, 187-188
e padrões de negação, 186-187
exercício prático, 269
integrada e medicina energética, 193-194
intenção, 189-190, 197-198
não-local, 73-74
Quíron, 157, 158, 168
radioatividade natural, 141
terapia musical, 50

D'Angelo, James, 50, 277
décimo primeiro chacra, 130
décimo segundo chacra, 130
design geomântico, 253
destino, 78-79, 94
coletivo, 172-173, 213
incorporado nesta vida, 220
incorporado pela Grade unitária, 153
Devas, 150-151, 219, 246, 247-248
Devereux, Paul, 150
discernimento, 111
nos 12 passos, 223
Distúrbios de Déficit de Atenção, 47
DNA, 34, 43, 58, 99, 227, 229, 233
dodecaedro, 144, 260
doze passos, 208-209, 203
décimo passo: reverenciar a experiência, 223-224
décimo primeiro passo: a regra de ouro, 224-225
décimo segundo passo: serviço cósmico, 225
nono passo: discernimento, 223
oitavo passo: verdade amorosa, 221-222
primeiro passo: responsabilidade, 209-211

282 O OITAVO CHACRA

quarto passo: apareça!, 216-217
quinto passo: Agora, 217-219
segundo passo: medo – ou
amor?, 211-215
sétimo passo: ouvir e escutar,
220-221
sexto passo: respeito mútuo,
amor e gratidão, 219-220
terceiro passo: integrar, 215-216
Dragon Project, 149-150
dualidade, 82-83
duplicidade: no zodíaco, 159-160
DVD universal, 28-29, 75-76

Egito Antigo, 52, 53, 88
ego-*self*, 59-62, 75, 78-79, 99-100,
101, 104, 178, 225
Einstein, Albert, 28, 29, 85, 156,
228
eletromagnetismo, 25, 151-152
nas falhas geológicas, 152
Eloin, 260
Emoto, Masaru, 145, 277
entropia, 23
epigênese, 46, 98
Eras (astrológicas), 128
escala cromática (música), 53-54,
124
escala diatônica (música), 12-13, 53
escalas musicais, 53-54, 124, 205
escutar. *Veja* ouvir e escutar
espaço, purificação do, 253-255
espaço-tempo, 23-24, 29, 30, 75-
76, 197
Espiral, Dinâmica, 230-237
espíritos do lugar, 150-151
estados críticos, 32-33
estrela terrena, chacra da, 129, 139
meditação: chacras do coração
universal e, 272-275
estresse geopático, 147-148, 251-
252
Éter, 144
evolução, 125-126, 233

falhas geológicas, 148-149
famílias: padrões de trauma, 187-
188, 212
exercício de dissolução, 201-
202
fantasmas, 98
feedback, 33
Findhorn, comunidade de, 151
fixos, signos (zodíaco), 160, 161
fluxo cósmico, 80-81
fontes cegas, 149
Fontes, Randall, 137
forças nucleares, 25
fractais, 20, 30, 31
intrínsecos ao Cosmos, 88
na evolução biológica e social,
35

Gaia
grade energética, 144, 153-154,
259
e o conceito de Lovelock, 135
um ser vivo consciente, 133,
154, 246
virada de consciência, 259-260
Ganzfeld, 66, 72
garganta, chacra da, 114
genes e genética, 22, 34, 58, 99,
228-229
geologia: falhas, 148-149
geomancia, 145-147
caminhos da mente, 123, 245-
246
design geomântico, 253
percepções dos geomantes,
153, 247, 251, 253, 259
Global Consciousness Project, 68
gnosticismo, 85
Goldman, Jonathan, 50
Goncharov, Nikolai, 144
Grade unitária, 153, 259-260
gratidão
e bem-estar emocional, 61-63
os 12 passos, 219-220

ÍNDICE REMISSIVO 283

Graves, Clare, 230
gravidade, 25
Grécia Antiga, 124
gunas, 42, 84

harmônico 12 em 13, 123-124
HeartMath Institute, Califórnia, EUA, 62
herói soular
  Albions como equivalente dévico, 260
  a jornada do, 205, 223. *Veja também* doze passos
  representado por Ofiuco, 172
holística, medicina. *Veja* medicina integrada
holograma cósmico
  chave do universo, 19
  co-criado no Agora, 217
  e a trindade cósmica, 131
  e padrões astrológicos, 205
  e re-lembrança, 173
  manifestação da consciência, 14, 21, 23, 76-77, 197
  nos círculos ingleses, 152
hologramas
  acústicos, 44
  corpo humano como holograma microcósmico, 35, 57-58
  cósmicos. *Veja* holograma cósmico
  definição e descrição, 20-21
  princípio holográfico, 19, 20, 25, 29-30, 66
HoME, 16, 263-265

I Ching (O livro das mutações), 43
Ida, 101, 131
inconsciente coletivo, 120-122, 152
infância
  desencadeamento dos traumas arquetípicos, 179-180

personalidade de interação com o mundo, 228
influências
  ambientais, 228
  arcangélicas, 249-250
  coletivas, 65
  das emoções sobre a saúde, 64
  das variações na personalidade, 228
  do fenômeno psi, 64-65
  eletromagnéticas, 140-141
  feedback, 33
  não-locais, 63-65
  planetárias, 168. *Veja também* astrologia
  subliminares, 61
Institute of Noetic Sciences, São Francisco, EUA, 65
integração (12 passos), 215-216
intenção, 167-168
  e capacitação, 111
  e co-criação da realidade, 40, 69
  e cura, 197-198
  e o princípio da concessão, 93
  metafísica, 76-77

Jenny, Hans, 55
julgamento
  e o princípio da resolução, 91-92
  vs. discernimento, 223
Jung, Carl, 80, 120, 121, 156, 228

King, Martin Luther, 213
Koestler, Parapsychology Unit, University of Edinburgh, GB, 65
Kua, 43

Leibniz, Gottfried, 43
leis de potência, 30-31
Leviton, Richard, 259
Leys, 143-144
Lipton, Bruce, 34, 277

_284_ O OITAVO CHACRA

livre-arbítrio, 78-79, 94
Lovelock, James, 135, 277
Lua (astrológica), 163-164
lugar, espíritos do, 150-151
lung mei, 143
luz
    na manifestação da forma
      física, 22
    natureza tríplice da, 43
    velocidade da, 23

Maclean, Dorothy, 151
Madre Teresa, 115, 207, 224
magnéticos, pólos, 83
    inversão dos, 142
maias, 172
Makarov, Valery, 144
Many Voices, One Heart (Jude
    Currivan), 14, 173, 208, 259
marcas energéticas, 40, 187-188,
    252-253
materialismo, 127
maus-tratos (trauma arquetípico),
    178, 180, 184-185, 205
medicina
    aplicações do
      eletromagnetismo, 141-142
    holística/integrada, 193-197
medicina integrada, 170-171
    medicina energética, 193
medo
    de abandonar os traumas, 191
    encarando os medos internos,
      108, 110
    substituir por amor, 211-215
membranas, 33-34, 45, 61
memes, 229
mente
    caminho mental, 122, 246
    cósmica, 21, 36, 94
    integral, 58-59, 94
    -macaco, 73
metamúsica, 51
Mind-Matter Unification Project,
    Cambridge University, GB, 65

místicos, 15, 122-123, 126, 153, 245
Monroe Institute, Virginia, EUA,
    51
Morozov, Vyacheslav, 144
mudança
    princípio cósmico da, 92-93,
      110,
    sustentável, 235
música
    chinesa, 22, 52
    como terapia, 50
    e diversão, 52-53
    efeitos sobre a água, 145
    efeitos sobre o bem-estar
      biológico, 46
    elementos de harmonia, 40-41
    escalas, 53-54, 124, 205
    significado social e poder da, 50
mutáveis, signos (zodíaco), 161,
    162, 163

nadis, 101
não-localidade, 27-28, 63-70
    cura não-local, 70-71
    e coerência, 70-71
    e estados alterados de
      consciência, 70
    percepção não-local, 73-74,
      78-79, 120-121, 253
negação (trauma arquetípico),
    178, 186-187
Newton, Isaac, 85, 156, 228
nono chacra. _Veja_ estrela terrena,
    chacra da
números arquetípicos, 123-124

Ofiuco, 172, 261
oitavas
    conclusão de, 13, 128, 130
    de luz, 43-44
    de princípios cósmicos, 81
    e ressonância, 43-44
oitavo chacra, 12-13, 128-129
    e propósito da alma, 130-132

ÍNDICE REMISSIVO   285

exercícios de autocura prática
do, 197-203
meditação dos chacras do
coração universal e da estrela
terrena, 272-275
na cura, 195-197
oitavo nível da Dinâmica Espiral,
235
Om (Aum), 22, 51, 194
origem/germinação, 192-193
das mudanças culturais e
globais, 238
de traumas em outras vidas:
exercícios de dissolução, 203
de traumas nesta vida:
exercícios de dissolução,
198-203
ouvir e escutar, 46-49, 152-153
escutar Gaia, 246-247
na compreensão da traição,
185-186
na verdade amorosa, 222
nos 12 passos, 220-221

parapsicologia (psi), 65, 72-73
PEAR Laboratory, Princeton
University, EUA, 65
percepção, modos de, 73-74
perdão, 224, 240
pesar, 183-184, 217
pingala, 101, 131
Pitágoras, 53
planetas
coletivos, 166-167
pessoais, 157, 165
plantas
comunicação com humanos,
121
dentro dos círculos ingleses,
151-153
sencientes, 136-137
Platão, 144
platônicos, sólidos, 144
plexo solar, chacra do, 102, 111

polaridade, 87
de Gaia, 142, 153-154
masculina-feminina, 105
na astrologia, 159-160, 168, 169
na biologia, 45
nos ensinamentos espirituais,
25, 45
simbolizada no caduceu, 84
vs. dualidade, 82-83
pólos magnéticos, 83
invertidos, 142
ponto zero, 77
Portnoy, Julius, 49-50
precessão, 170-171
preconceito, 186
princípios cósmicos, 81, 94
causa e efeito, 91-92
concessão, 93-94
conservação, 92-93
mudança, 90-91
reflexão, 89-90
relatividade, 81-86
resolução, 86-88
ressonância, 88-89
Projeto do Genoma Humano, 34
psi (fenômenos parapsicológicos),
65, 72-73
puberdade: trauma arquetípico,
180-181
purificação do espaço, 253-255

quadruplicidade do zodíaco, 161
quântica, teoria, 27, 69-70, 77
Quíron, 157, 158, 168, 172, 261

radiestesia, 144, 147-148, 149-150,
255-258
exercícios práticos de, 256-258
raiz, chacra da, 102, 108-109
raízes, importância do cultivo de,
110
reconciliação, 239-240
reencarnação, 99
origens em outras vidas, 203-
204

286 ○ O OITAVO CHACRA

regra de ouro, 224-225
reflexão (princípio cósmico), 94
registro akáshico, 77
rejeição (trauma arquetípico),
178, 187
relatividade, 23-25, 130, 215
princípio cósmico, 81-86
re-lembrar, 12, 87-88, 157-159,
173, 197, 264
expressões ordinárias e
extraordinárias, 124-125
resolução (princípio cósmico), 94
respeito
mútuo, 219-220, 243
nos 12 passos, 219
por animais e plantas, 138
princípio fundamental dos
antigos impérios, 232
responsabilidade
e o princípio da concessão,
93-94
nos 12 passos, 209-211
ressonância
aspectos médicos e fisiológicos,
141
elemento da harmonia
musical, 40-41
holográfica, 134
na arquitetura, 52
na teoria das cordas, 27
princípio cósmico, 12, 88-89,
110
Schumann, 141-142
reverência à experiência, 223-224,
226
Rhine Research Center, Carolina
do Norte, EUA, 65

sacro, chacra, 102, 110
Schumann, ressonância, 141
SDi, modelo, 231-237
sentido
de transcendência, 21-22,
251-252

sétimo, 63-64
sexto, 63-64, 66
separação, ilusão de, 182-183
serviço cósmico, 225
sétimo sentido, 63-64
sexto sentido, 63-64, 66
Sheldrake, Rupert, 44
silêncio, 50
simetrias do zodíaco, 159-161
sintonização, 40, 66, 71-73, 137, 195
exercícios práticos
exercícios respiratórios, 267-
269
meditação do chacra pessoal,
267-271
meditação dos chacras do
coração universal e da
estrela terrena, 272-275
na radiestesia, 255-256
Sol (astrológico), 163-164
Solar/Soular, Sistema, 99, 129,
154-155, 205, 260-261
sólidos platônicos, 144
som
como terapia, 52-53
efeitos fisiológicos do, 47-48
primordial, 22, 26-27, 51
Soular/Solar, Sistema, 99, 129,
154-155, 205, 260-261
Stalin, 52
Stevenson, Ian, 99
Suméria, 158
sushumna, 101, 131
Swanson, Robert, 137

Tame, David, 49, 52, 278
taoísmo
triplicidade, 41, 42
visão da criação, 26
telepatia, 28, 64, 66, 67, 74
décimo chacra, 129
terceiro olho, chacra do, 105,
114-115
terremotos, 30
Thoth, 10, 21, 88

Tomatis, Alfred, 47-48
traição (trauma arquetípico), 178, 185-186, 205, 232
transformações hológraficas, 20
trânsitos planetários, 169-170
traumas
  apego aos, 191
  arquetípicos, 178-189
  como base das doenças físicas, 40
  cura e dissolução de. *Veja* cura
  e desmembramento psíquico, 88, 158
  e negação dos sentimentos, 62
  em sociedades, 192
  energias residuais de, 250, 252
  padrões familiares de, 187-188
  pela negligência da regra de ouro, 225
tríades: no mundo físico, 85-86
trilhas do dragão, 143-145
trindades: em mito e símbolo, 84
triplicidade
  de consciência, 99
  de ondas, 86
  do zodíaco, 160 dos meridianos de energia da Terra, 259
  exercício experimental, 81
  masculino-feminino-infantil, 83-84, 105, 259
  na tradição védica, 42, 50, 84, 101
  no taoísmo, 41- 43
  reconciliação triádica, 83, 138-139
  tríades no mundo físico, 85, 86
  trindades em mito e símbolo, 84

União Soviética, 52

unidade, consciência de, 13, 123-124, 128, 198, 259-260
University of Arizona, EUA, 65, 98
University of Illinois, EUA, 60

valores compartilhados, 242-243
Védica, tradição. *Veja também* chacras pessoais
  som da, 22
  trindades da, 84
  triplicidade da, 42
  visão da alma da, 98
  visão da criação da, 12
verdade amorosa, 201-202, 221-222
viradas de consciência, 152, 167, 169-173, 242
Vogel, Marcel, 137
Von Pohl, barão Gustav, 147
vontade, o caminho da, 122-123

Walsh, Neale Donald, 190
Watkins, Alfred, 143-144
Wave, The (Jude Currivan), 66, 77, 134, 277

xamãs, 122, 123, 126, 245

yang. *Veja* yin/yang
yin. *Veja* yin/yang
yin/yang, 25, 41-43, 83, 105-106

zodíaco, 123-124
  ciclo astrológico do, 161-163
  como ferramenta psicológica, 155-156
  divisões do, 159-161
  e precessão, 170-171
  Ofíuco: o 13º signo, 172, 161

Este livro foi composto na tipologia Minion-Regular,
em corpo 11,5/15 e impresso em papel off-white 80g/m²
no Sistema Cameron da Divisão Gráfica
da Distribuidora Record.